나는 밑나이다

나는 믿나이다

지은이/ 윌리엄 슬로언 코핀

옮긴이/ 최순님

펴낸이/ 김준우

펴낸날/ 2007년 4월 25일

펴낸곳/ 한국기독교연구소

등록번호/ 제8-195호(1996년 9월 3일)

경기도 고양시 일산구 장항2동 730, 우인 1322호 (우 410-830)

전화 031-929-5731, 5732(Fax)

E-mail: honestjesus@hanmail.net

Homepage: http://www.historicaljesus.co.kr.

표지 디자인/ 정희수

인쇄처/ 조명문화사 (전화 498-3018)

보급처/ 하늘유통 (전화 031-947-7777, Fax 031-947-9753)

이 책의 저작권은 Westminster John Knox Press사와의
독점계약으로 한국기독교연구소가 소유합니다.
저작권법에 따라 국내에서 보호받는 저작물이므로
무단전재와 무단복제를 금합니다.

CREDO

by William Sloane Coffin

Copyright © 2004 by William Sloane Coffin

All rights reserved. Korean Translation copyright © 2006 by Korean Institute of the Christian Studies. The Korean translation right arranged with the author c/o Westminster John Knox Press.
Printed in Seoul, Korea.

ISBN 978-89-87427-73-7 03230

값 10,000원

나는 믿나이다

윌리엄 슬로언 코핀 지음

최순님 옮김

한국기독교연구소

Credo

by

William Sloane Coffin

Louisville, Kentucky: Westminster John Knox Press, 2004

Korean Translation
by
Soonnim Choi

> 이 책은 성천교회(담임 김기택 감독)의
> 출판선교비 후원으로 간행된 책입니다.

Korean Institute of the Korean Institutes

목 차

머리말 ·· 6

저자 서문 ······································ 15

믿음, 소망, 사랑 ······························ 17

사회 정의와 시민의 자유 ···················· 57

사회 정의와 경제적 권리 ···················· 79

애국심 ·· 117

전쟁과 평화 ·································· 131

자연에 대하여 ······························· 157

삶에 대하여 ·································· 167

교회 ··· 191

노년의 삶 ···································· 229

머리말

제임스 캐롤

　내가 수감되었던 워싱턴 D.C. 구치소의 내 방과 내 옆 독방 사이엔 강철 벽이 가로놓여 있었다. 미국 국회의사당을 점거했던 죄목으로 나는 그곳에서 하룻밤 감방 신세를 지고 있었다. 1972년의 일이었다. 그날 밤 나는 나와 함께 반전데모에 가담했던 스물 너댓 명쯤의 다른 죄수들과 서로 격리된 독방 구역에 수감되어 있었다. 다른 대다수 반전데모 가담자들과는 달리 내가 속해 있던 그룹의 사람들은 주로 목사들과 신부들 같이 조금 겁이 많고 소심한 종교지도자들이었다. 그날 밤 시간은 나에게 정말 고통스러울 지경으로 천천히 흘러갔다. 여기저기서 불평 섞인 소리들이 때때로 침묵을 깨고 새어나왔고, 멀리 복도에선 철문 여닫는 소리가 쩽그렁거리며 들려오곤 했다. 감방 안은 이따금씩 간수들이 고함을 지르며 큰 소리로 명령을 해대서 사람을 깜짝깜짝 놀라게도 했고, 또 어떤 때는 쥐죽은듯한 적막감이 감돌기도 했다.
　권위를 존중하여 그에 순종하도록 길러졌던 내가 어느 한 순간에 범법자가 되어 있다는 사실을 나는 믿을 수 없었고, 그로 인해 나는 실의와 절망감에 빠져 있었다. 지금도 내 "영혼의 어둔 밤"

이 떠오를 때면 나는 그날 밤 내가 어깨를 기댔던 그 선뜩거리던 강철 벽의 냉기가 느껴진다. 그 무거운 돌덩어리가 내 자신의 가슴 속 깊은 물웅덩이 속으로 계속해서 가라앉던 그 느낌이었다.

그가 왜 그랬는지 나는 지금까지도 이해할 수 없지만, 그날 밤 내 옆방에 수감되어 있던 한 남자가 노래를 부르기 시작했다. 그는 처음에는 아주 나직하게 노래를 불렀다. 그의 의연한 저음의 목소리가 빈 공간을 조금씩 채워갔는데, 우리는 곧 그것이 헨델의 메시아 가사라는 걸 알게 되었다. "위로하라, 위로하라 나의 백성들을." 나는 그 목소리의 주인공이 거기서 가장 친근한 목소리의 소유자였던 윌리엄 슬로언 코핀 목사의 목소리라는 걸 알게 되었다. 그는 국회의사당 데모에서 의회가 종전을 승인할 때까지 계속 의사당을 점거할 것을 공표하며 그 그룹의 대변인 노릇을 해왔었기 때문이다.

코핀 목사는 이 세상에 꼭 자신이 홀로 존재하는 듯이 노래를 불렀다. 그 오래된 노랫말은 마치 이사야 선지자가 돌아와 우리가 하나님께 말하듯, 하나님이 우리에게 말하듯, 어둠을 뚫고 솟아올랐다. 독방 구역 수감자들도 이내 코핀 목사를 따라 그 노래, "어둠 속을 걸어가던 사람들이 큰 빛을 보았다."를 부르기 시작했지만, 사실은 그의 목소리가 우리를 감동시켰다. 그는 그 노랫말을 알았고 그 곡을 잘 알고 있었다.

나는 로마 가톨릭 교회의 신자로서 성경과 위대한 합창 예술에 대한 나의 무지함이 고통스럽게 느껴져서 침묵하고 있었지만, 그런 나의 침묵도 어느새 조용히 기도로 바뀌고 있었다. 코핀 목사가 부르는 노래, "어린 양 같이, 어린 양 같이, 어린 양 같이 우리는 길 잃어 버렸네"를 들으며 나는 갑자기 예기치 못했던 감사의 감정에 휩싸이게 되었는데, 그건 그 노랫말이 내 두려운 망설임을 훨씬 능가하는 절대적인 거룩함을 지니고 우리의 깊은 신앙심을 드러내주고 있었기 때문이었다. 나는 내 구세주가 지금 살아 계신다는 것을 굳게 믿었다. 아니 그보다 더, 나의 구세주는 기대에 어그러진 이 예상치도 못했던 장소에다 나를 데려다 놓으시고는, 그분이 바로 지금 나와 함께 이곳에 계신다는 것을 믿게 하셨다. 정말로 나는 내가 접근 금지 구역인 독방에 수감되었다는 사실을 깨닫게 되었으며, 또한 나에게 앞으로 어떠한 험난한 일들이 닥쳐온다 해도 나에게는 그것을 충분히 감당할 수 있는 힘이 있다는 것도 깨닫게 되었다.

그날 밤 나는 전에는 경험하지 못했던 벅차지만 한편은 위로에 넘치는 강한 확신에 찬 어떤 힘에 사로잡혔다. 하나님은 살아 계신다. 하나님은 모두에게 살아 계신다. 하나님은 지금 나에게도 살아 계신다. 그러나 나는 그때까지 그것을 깨닫지 못한 채 살아 왔었다. 이사야와 욥과 시편 기자, 바울과 계시록의 기자의 거룩한 말씀들과 "할렐루야, 할렐루야, 전능의 주 하나님...."을 작곡한 헨델의 천재성이 모두, 코핀 목사의 삶 자체를 통해 표현된 의연함과 함께 어우러져서 하나님의 현존의 신비를 분명하게 깨닫게 해 주었다. 그 순간 나는 하나님을 믿었다. "... 영원히 영원히 다스

리시니…" 코핀 목사가 하나님을 믿었기 때문이다. 그의 노래가 내 어깨에 닿은 강철을 흔들고 있다는 느낌이 들자, 나도 그가 자신을 믿듯이 내 자신을 믿었다. "아멘"

빌 코핀 목사는 내게 그때까진 먼 데 있는 낯선 사람이었다. 내가 흠모하며 따르고 싶었던 추앙을 받던 큰 인물이었을 뿐이었다. 그러나 몇 년 후 우리는 서로 친구가 되었다. 세월이 지나 깊은 우정으로 우리가 서로 친밀해지고 난 후에도 내게 처음 그를 존경하게 만들었던 그의 내부에 있던 그 어떤 힘은 그대로 남아 빛을 잃지 않았다. 1960년대 초반에 그는 내가 사제 준비를 하고 있던 워싱턴 신학교에 왔던 적이 있다. 1958년부터 1975년까지 예일대학의 교목으로 근무했던 그는 당시에 이미 흑인의 완전평등권 운동에 연대했던 백인의 한 사람으로서, 아마도 그 운동의 대표적인 인물로서 유명해져 있었다.

나는 감격스러웠던 그날 그의 설교를 결코 잊을 수 없다. 프로그램에는 그의 강연으로 나와 있었지만, 나는 그 강연을 "설교"라고 말해야겠다. 가톨릭과 개신교가 그때까지 한 설교대 앞에 모여서 예배를 드린 적이 없었으므로, 그는 강당에 있는 강연대 앞에서 말했다. 그러나 그 설교는 완전히 코핀 목사 식이었다. 예배용 가운 대신에 고르덴 쟈켓에 작업용 장화를 신은 그가 그날 했던 것은 설교일 뿐 결코 다른 것이 아니었다. 그의 트레이드 마크인 간결한 함축적 표현과 수사학적 정교함, 박학다식한 인용들, 그리고 무엇보다도 그가 모국어처럼 사용하는 성경 구절이 그의 강연에 녹아 있었다. 그러나 무엇보다도 나와 내 친구 토미스트들을 깜짝 놀라게 한 것은--우리는 그 당시에 신학교에서 논리 정연한 삼단논법을 훈련받고 있었다--그가 고삐 풀린 듯 자유롭고 열정적으로 복음을 선포하고 있다는 점에 있었다.

그런데 그것이야말로 진정한 복음 선포였다. 그가 표현한 세상은 거꾸로 뒤집혀진 세상임에 틀림이 없었다. 즉 가난한 자들의 편에 선 교회, 모든 걸 잃어야 할 위기에 처한 권력자들, 사회적 권리를 박탈당한 사람들만이 유일하게 도덕적 합법성을 지니는 사람들이라는 등 완전히 거꾸로 뒤집어진 세상을 선포했다. 그의 열정적인 설교를 통해 코핀 목사는 "당신은 누구의 편에 서 있습니까?"라고 내게 처음으로 질문했던 사람이었던 것 같다. 그에 대한 내 대답은 그로부터 거의 십 년쯤 지난 후 내가 감옥에 가게 되었을 때에야 비로소 이뤄진 것 같다. 코핀 목사가 내 옆방에 수감되어 나의 귀향을 환영하는 노래를 부르고 있었던 건 순전히 우연의 일치였던가?

우연의 일치? 그건 아니었다. 그것은 코핀 목사가 수행하던 목회 사역 주변에 늘 감돌았던 어떤 섭리와 같은 것이었다. 마침내 나는 윌리엄 슬로언 코핀 목사의 얼핏 보면 임의적이고 무계획적인 듯한 관계 속에서도 수없이 많은 관계망이 짜여지고 있다는 걸 알게 되었다. 많은 사람들이 그의 말 속에서, 그의 모범이 되는 행동 속에서, 그가 살아온 삶 속에서 참된 자신들을 찾고, 발견해 가고 있었던 것이다. 부잣집의 아들로서 그는 부랑자들의 대부가 되었다. 병사의 기백을 지닌 한 사람으로서, 또한 스파이처럼 자유롭게 드나들면서, 그는 이곳 저곳으로 널리널리 평화를 부르짖고 다니면서 자신이 사랑하는 조국이 덩치 큰 군사국가가 되어가는 것에 강한 도전장을 던졌다. 대학의 교목이었던 그는 대학이 스스로에 대해 생각하는 방식과 교목이 도전적으로 수행하는 것 모두에 변화를 가져왔다.

내가 신부 서품을 받자, 나는 그를 닮은 남다른 교목이 되어 보고 싶었기에 교목직에 지원서를 냈다. 교목이 되자 나는 곧바로 고르덴 쟈켓을 입고 작업용 장화를 신고 다니면서 내 나름대로 코핀 목사를 모방해보았다.

나는 코핀 목사가 끼친 영향력이 신기하게 넓은 것을 여러 곳에서 알게 되었다. 어떤 이들은 그가 종교와 사회, 정치 어느 곳에서나 가장 소수 엘리트 그룹에 속할 수 있었던 타고난 행운아였다는 것을 강조했다. 누구든 자신이 타고난 사회적 특권 자체에 도전할 경우, 사람들은 그의 말에 귀를 기울인다.

또 다른 이들은 코핀 목사 스스로 얻어낸 권위에 역점을 두었다. 그는 러시아어에 정통해서, 공항 보안 검색대까지 무사통과해가며, 냉전 시대에 가장 귀한 현실정치의 전문가일 수 있었기 때문이었다. 그가 젊은 나이에 그처럼 큰 영향력과 책임감이 따르는 높은 자리에 오르게 되었지만, 그의 삶의 현장이 극적으로 바뀌게 된 것은 그가 남부에서의 흑인 민권 투쟁의 위험한 충돌에서 자신의 용기를 시험했었고, 또한 불법적인 전쟁에 항거하느라

아슬아슬한 위험을 무릅쓰면서 도전하는 동안에도 그같은 용기를 증명해냈기 때문이다. 결정적인 순간에 그는 미국이 한 발 물러나 자신의 참된 자아를 찾을 수 있도록 돕는 역할을 했던 것이다.

어떤 이들은 새로운 종교적 삶의 방식을 제안한 코핀 목사의 예언자로서의 역할을 강조하기도 했다. 그것은 그가 기독교를 넘어서 세상의 모든 위대한 종교들과 그 뿌리를 하나로 묶는 사랑의 계명을 바탕으로 다른 종교들과의 더 깊고 영속적인 연대를 시작하기 위해서 독선적이고 편협한 교단주의를 떠났기 때문이었다. 그러나 20세기 초와 20세기 말, 미국에서 종교적 우파(右派)들이 대두되기 시작할 때 그는 자신의 종교적 언어, 곧 그의 모국어와 같은 성경만은 그들에게 넘겨주지 않겠다는 의지를 보였을 때 가장 프로테스탄트다운 그의 정체성을 드러냈다. 이처럼 그가 필요한 순간에 그는 그 자리에 그냥 있음으로써 그 자신은 새로운 종류의 종교 연합 조직의 구심점이 되어 있었다. 윌리엄즈대학교와 예일대학교에서의 운동가적 선교활동에서부터 뉴욕 시 리버사이드 교회에서 행했던 온 나라를 흔들던 애국적인 설교, 세인 프리즈(Sane-Freeze, 핵무기 동결운동)에서 벌였던 첨예한 핵무기 반대 운동, 그의 강의, 강연, 설교 등에 이르기까지, 여기저기서 빛을 발했던 그의 삶을 통해 사람들은 종교적 신앙이 정치적인 행동을 요구한다는 궁극적인 그의 신념을 볼 수 있다. 사랑과 정의는 함께 간다. 하나님과 세상은 하나다.

코핀 목사가 우리 세대와 자신의 조국, 몸담았던 교회들에 얼마나 중대한 영향력을 끼쳤던가를 설명을 하기 위해 나는 그의 이야기를 이렇게 장황하게 늘어놓았다. 그런데 그가 이룩했던 공헌과 그의 다른 훌륭한 업적들을 더욱 눈에 띄고 두드러지게 해주며, 이 모든 것들을 움직여 가는 동력이 되는 아주 중요한 요소가 하나 있다. 그것은 바로 코핀 목사의 말에는 사람의 마음을 움직이게 하는 탁월한 힘이 있다는 것이다. 이 책은 그런 희귀한 표현들의 향연장이다. 우리는 이 책 속에 즐비하게 나열된 그의 정교하고 섬세한 필치와 통찰력을 통해 그가 온 세계 사람들에게 그토록 특별한 의미를 가지게 되는 까닭을 알게 된다. 그것은 극도로 절제된 언어구사, 번뜩이는 재치, 핵심을 꿰뚫어보는 힘, 성서적 근거 제시, 고도로 갖춘 문학적 소양, 기묘한 단순성, 적확한 언어 사용에 대한 확실한 감각, 그리고 역설적 표현에 대한 교묘한 이해 등이 한데 어울려, 이 모든 것들은 하나님이 계신다는 것과 하나님의 존재가 왜 그토록 중요한 문제인가 하는 확신에 연결되어, 빌 코핀 목사를 이 시대의 가장 위대한 설교자가 되게끔 한다.

코핀 목사가 수많은 다른 상황 속에서 말했던 것들 가운데서 뽑아 간추린 이 주옥같은 언어들은 또한 21세기 초에 가장 문제가 되는 것들, 즉 사랑하는 사람들이 함께 살아가는 법, 한 국가가 제국이 되려는 유혹을 버리는 법, 궁극적으로 평화가 형성될 수 있는 길, 고통이 행복으로 규명되는 길, 이 괴로움 많은 세상에 하나님이 어떤 방식으로 현존하시는지 등의 문제들의 연대기 역할도 수행한다.

이 책을 읽어가며 독자들은 그 누구도 따를 수 없는 독창적이고 신선한 통찰력과 함께 우리가 한번쯤 경험했던 그런 느낌에 코핀 목사가 어떻게 생생한 표현력을 불어넣어 주고 있는지 그 기쁨 또한 발견하게 될 것이다. 그렇게 분명하게 귀중한 희망을 만들어가면서 윌리엄 슬로언 코핀 목사는 불가능해 보이는 그 밖의 것들을 솜씨 좋게 다룬다. 그는 사람들의 주의를 자신에게 끌어들이지 않은 채 교묘한 솜씨로 발음을 또박또박 명확하게 하는 달인의 역할을 수행해 낸다. 또 한 가지 계속되는 경이로운 점은 이렇게 재능이 넘치고 보기 드물게 인자하며 도량이 큰 이 사람의 진실로 겸손한 면모를 마주할 수 있다는 점이다. 자신의 표현력이 얼마나 아름다운지, 얼마나 인상적으로 성경을 이해하고 있는지, 얼마나 절실하게 이 시대가 자신의 목소리를 필요로 하는지 정작 그 자신은 아는 바가 없는 듯하다. 단 한번만이라도 이 거장의 음성을 듣게 된다면 아무도 그 음성을 결코 잊을 수 없게 된다.

이 책은 정말 보석과 같다. 왜냐하면 이 책을 읽어가면서 우리는 코핀 목사가 우리에게 의미심장한 이유를 알게 될 것이며, 우리는 그를 몹시 사랑하게 될 것이기 때문이다. 그리고 이미 한 나라를 변화시키고, 한 지역을 위험에서 건져내고, 하나님의 신비한 사랑의 계획 안에서 끝까지 일하시는 주님을 찬양하는 코핀 목사의 말들의 잔치 속에서 우리를 한껏 취하도록 만들어주는 이 책이야말로 보석 중의 보석이라고 나는 말하고 싶다.

저자 서문

크레도(Credo), 곧 "나는 믿나이다"는 말은 "나의 마음을 다해 신뢰하나이다"라는 뜻이다. 불완전하게나마, 나는 그리스도의 가르침과 삶의 본보기를 나의 마음을 다해 신뢰했는데, 이런 신뢰를 통해 나는 기독교에 대한 이해와 함께 신앙에 대해서도 이해할 수 있게 되었다.

분명히 종교들은 서로 다르다. 그러나 대부분의 종교들은 똑같은 기능을 수행하려고 노력한다. 종교는 사람들로 하여금 자신에 대한 집착에서 벗어나 하나님과 이웃에 대한 사랑에 전념하도록 회심시키는 데 주력한다. 이웃을 사랑함으로써 하나님을 사랑하는 것은 기독교, 유대교, 이슬람 모두의 핵심에 놓여 있는 똑같은 욕구다. 따라서 오늘날처럼 갈라진 세상에서 종교인들이 단순히 진리를 주장하는 것에서부터 그 진리가 요청하는 역할을 감당하는 것으로 옮겨가는 것은 특별한 의미가 있다.

더군다나 우리가 당면한 여러 문제들, 곧 성례전의 숫자 문제에서부터 여성 안수, 평화주의, 낙태, 동성애 문제까지 여러 문제들에서 기독교인들이 어떻게 보편적인 합의에 도달하지 못하는지를 고려할 때, 하나님의 불가해성이 너무 커서 아무도 감히 전능자에 대해 말할 수 없다는 점은 우리의 마음에 새겨야만 할 것이다. 사도 바울이 묻고 있듯이, "누가 하나님의 생각을 알겠는가?" 따라서 서로 다른 종교인들로부터 배우고, 정의와 평화라는 공동 목표를 위해 함께 노력하는 작업은 분명히 오늘날 고통당하는 인류가 모든 종교인들에게 기대하는 작업이다.

이 책은 웨스트민스터 존 녹스 출판사의 데이비스 퍼킨스가 편집인 스테파니 에그노토비치에게 요청하여 나의 평생의 설교들과 미간행 연설들 가운데 핵심적 문단들만을 뽑아 몇 개의 주제별로 간추린 것이다. 스테파니가 기초작업을 했으며, 나는 조금씩 손실을 했을 뿐이다. 저자가 편집자에게 이처럼 큰 빚을 지는 경우는 거의 없을 것이다.

이 책은 독자들이 천천히 읽도록, 그리고 순서대로 읽지 않아도 좋도록 만든 책이다. 각 문단들은 내가 평생동안 가르치면서 얻은 결론들을 보여준다. 이제 내 인생이 빠르게 그 종착점을 향해 내달리는 가운데, 내가 얼마나 많은 선생님들로부터 도움을 받았는지 그 감사한 마음을 표현하고 싶다. 순전히 나의 독창적인 생각이란 매우 드물기 때문이다.

끝으로, 나는 미국의 결점들을 파헤칠 만큼 나의 조국을 사랑한다고 믿고 싶다. 오늘날에는 모든 설교자들이 "하나님과 조국"(God 'n' country)이 결코 한 낱말이 아니라는 사실을 아무 두려움 없이 주장할 필요가 있다.

- 윌리엄 슬로언 코핀

믿음, 소망, 사랑

그러므로 믿음, 소망, 사랑,
이 세 가지는 항상 있을 것인데
그 가운데서 으뜸은 사랑입니다.

— 고린도전서 13:13

예수여, 당신은 온통 함께 아파하심
순수하며 아무것에도 매인 바 없는 사랑
당신의 구원으로 우리에게 찾아오시어
두려워 떠는 모든 심령들 속에 들어오소서

— 찰스 웨슬리

소크라테스는 틀렸다. 살만한 가치가 없는 인생이란 자신을 살피지 않는 인생이 아니라, 결국 실천적인 삶에 투신하지 않는 인생이다. 데카르트 역시 틀렸다. "Cogito ergo sum"이라고? "나는 생각한다, 고로 존재한다"고? 그건 넌센스다. "Amo ergo sum"이 맞는 말이다. "나는 사랑한다, 고로 존재한다." 혹은 사도 바울이 무의식적으로 남을 감동시키는 힘을 가지고 말했듯이 "믿음, 소망, 사랑, 그 가운데서 으뜸은 사랑입니다."라고 말한 것이 옳은 말이다. 나도 사랑이 으뜸이라고 생각한다. 사랑하지 않는 것보다는 살지 않는 게 더 나을 것이다.

♣

성경의 무오류성(無誤謬性), 정결, 율법에 복종하는 걸 삶의 목표로 삼지 말고, 사랑을 우리 삶의 목표로 삼아야 한다. 왜냐하면,

"내가 사람의 모든 말과 천사의 말을 할 수 있을지라도"--이 말은 음악가와 시인과 설교자들에게 하는 말이다.
"내가 ... 모든 비밀과 모든 지식을 가지고 있을지라도"--이제는 교수님들, 당신들 차례다.

"내가 내 모든 소유를 가난한 사람들에게 나누어줄지라도"--급진주의자들은 귀담아 들어라.

"내가 내 몸을 불사르게 넘겨줄지라도"--영웅적인 행동을 하는 사람들에게,

"사랑이 없으면, 내게는 아무런 이로움이 없습니다."고 했기 때문이다(고전 13:1-3).

세상에 이보다 더 급진적인 윤리강령이 다른 어느 경전에 또 실려 있겠는가. 사랑을 잃게 되면 모든 것을 잃는 것이다.

♣

인류가 사랑 안에서 아직도 하나를 이루지 못한다면, 적어도 우리 모두는 죄인이다. 심판 날에 우리가 모두 따로 떨어질 가능성조차 없기 때문에 우리끼리 매우 끈끈한 연대를 이루고 있는 셈이다.

♣

하나님의 사랑에 대해 우리가 말할 수 있는 두 가지는 이것이다. 하나는, 교황에서부터 지상에서 가장 외로운 알코올 중독자에 이르기까지 모든 사람에게 보편적으로 평등하게 쏟아 붓는 그분

의 사랑이며, 또 하나는 그분의 사랑은 가치를 따지는 사랑이 아니라 가치를 만드는 사랑이란 것이다. 그것은 우리가 가치 있어서 사랑을 받는 게 아니라, 우리가 그분의 사랑을 받아서 가치 있게 되기 때문이다. 우리의 가치는 애써 땀흘려 얻은 우리의 업적이 아니라, 그분으로부터 거저 받은 은총의 선물일 뿐이다.

♣

우리들이 지닌 가치는 거저 받은 은총이므로 우리는 자신을 증명해 보이려고 더 이상 애쓸 필요가 없다. 다만 스스로를 있는 그대로 표현하기만 하면 될 것이다. 우리를 증명하려는 것과 표현하는 것 사이엔 도대체 얼마나 큰 차이가 존재하는 것인가!

♣

"성공한" 사람이 되려고 애쓸 필요는 없다. 다만 가치 있는 사람이 되려고 애쓰자. 부자가 되려고 애쓰지 말고, 우리 사회에서 제일 하찮게 여기는 사람들의 삶과 또한 제일 끝줄에 세우는 꼴찌들의 삶에 큰 변화를 가져올 수 있도록 각별히 애를 쓰는 그런 가치 있는 사람이 되고자 애를 쓰자.

♣

신앙의 도약(跳躍)은 사고의 도약이라기보다는 행동의 도약이라는 걸 깨닫는 것이 매우 중요하다. 왜냐하면 일반적인 경우에는 우리가 먼저 알고 난 다음에 행동을 하게 되지만, 신앙의 문제에서는, 먼저 행동한 다음에 우리는 알게 되고, 먼저 참여한 다음에 우리가 알게 되기 때문이다. 요컨대, 우리는 절대적 확신이 없더라도 용기를 내어 전심으로 행동해야만 한다.

♧

나는 신앙의 무모함을 몹시 좋아한다. 먼저 높이 뛰어올라 보자. 그러면 날아오를 날개도 생길 것이다.

♧

신앙이란 무엇인가? 사랑의 힘에 의해서 파악되는 게 신앙이다. 신앙의 눈으로 보면 하나님은 끝없이 통제하시는 분이 아니라 무한하게 자비를 베푸시는 분이라는 걸 알 수 있다. 신앙이 깊어지면 하나님은 힘을 행사하시는 분이 아니라, 끝없는 사랑을 펼치시는 분이라는 것도 알게 된다. 성탄절에 예수님이 우리처럼 사람이 되신 것은, 우리도 예수님을 점점 더 닮아갈 수 있게 하기 위한 것임을 우리가 알 수 있는 것 역시 신앙의 힘으로다. 병자들을 고치시고, 가난한 이들에게 새 힘을 주시며, 권력을 가진 자들을 꾸

짖는 예수님을 보면서, 우리는 일하고 계시는 하나님의 힘을 똑똑하게 보게 된다. 곱사등이로 나무에 올라갔던 삭개오가 성자가 되어 내려온 것과, 바리새파의 앞잡이 노릇을 하며 손도끼를 막 휘둘러대던 사울이 그리스도를 위하여 어리석은 자가 되어 돌아온 것을 보면서, 우리들의 삶 역시, 상실의 아픔을 겪은 사람들과 고통 당하는 이웃들의 삶을 변화시키는 하나님의 자비가 흐르는 통로가 될 수 있음을 아는 것도 신앙의 힘이다.

♣

신앙이 도약을 하는 데는 반지성적인 요소가 없다. 신앙은 증거 없이 믿는 게 아니라 무조건 신뢰하는 것이기 때문이다. 신앙은 우리의 생각을 대체하는 게 아니다. 그와는 반대로, 신앙은 선하고 유익한 생각을 하게 만든다. 우리의 정신을 융통성 있고 유연하게 만드는 무엇을 가진 것이 신앙이다. 즉, 신앙은 우리에게 익숙한 터전을 넘어서게 함으로써 그걸 넘어선 만큼 우리에게 성숙한 생각을 할 수 있게 만들어 준다. 베드로와 안드레와 야고보와 요한이 예수를 따르려고 결심을 했을 땐, 분명히 그들이 떠나지 않고 안정된 삶 속에 머물렀을 때에 비해 훨씬 더 풍요롭고 성숙하게 될 삶을 약속 받았을 것이다. 우리도 마찬가지다. 그리스도께 우리의 삶을 드리고, 우리의 안정된 터전을 떠날 용기를 가지고 신앙의 도약을 위해 우리의 몸을 맡긴다면, 우리의 가슴이 채

워지는 만큼 우리의 정신도 함께 채워질 것이다.

♣

로마 가톨릭 교회의 네 가지 덕목 중, 가장 으뜸으로 꼽는 것이 '지혜'(*prudentia*)인데, 이것은 본래 아주 지독히 철저하게 생각하는 것을 뜻한다. 그리스도께서 오신 이유는 우리 죄를 없애러 오신 것이지, 우리의 넋, 정신을 빼앗아가려고 오신 것이 아니다.

♣

내게 영성이란 우리들의 평범하기 짝이 없는 삶을 아주 비범하게 잘 살아냄을 의미한다. 옛 교부들도 이렇게 말하지 않았던가. "하나님을 영예롭게 한다는 건 우리가 한 인간으로서 완전히 깨어서 살아가는 것"이라고.

♣

영성에 대한 우리의 이해가 너무 개인적이거나 너무 엘리트주의적으로 흐르지 않도록 경계해야만 한다. 어떤 신자들은 끊임없이 내면생활의 중요성만을 강조하면서, 어떻게 그걸 더 완벽하게 발달시켜 갈 지에만 집중하곤 한다. 그리스도께서 유배된 자, 추

방된 자, 고통 받는 자, 침묵 당한 자들을 포함한 인류 모두에게 똑같이 기쁨과 희망을 주기 위해 이 땅에 오셨다는 걸 까맣게 잊은 채 말이다.

♣

교리와 신조를 신성시하는 종교는 저급한 종교다. 종교적인 삶에 필수불가결한 것이 교리와 신조이긴 하지만, 그것은 다만 길잡이 정도일 뿐이다. 사랑만이 유일하게 우리의 영원불변한 지침이다. 노예제도와 인종차별을 끊임없이 부추겨 왔던 교리가 여전히 여성을 억압하고, 동성애자들을 차별하고 있다는 사실을 결코 잊어서는 안 된다. 더군다나 사랑만이 하나되게 할 뿐이고, 교리는 우리를 분열시킬 수 있다는 걸 잊어서는 안 된다. 다시 말하면, 신자들은 우리 모두의 삶 속에서 전통을 회복시켜야 할 뿐만 아니라 동시에 전통으로부터 회복될 수도 있어야만 한다.

♣

하나님이 주시는 환희는 우리들이 세속에서 누리는 기쁨들과 반대되는 게 아니다. 그분이 주시는 환희는 우리가 세속에서 누리는 기쁨에 오히려 근원적인 의미를 부여한다.

♣

　여러 가지 기적들이 구세주를 만드는 것이 아니다. 오히려 구세주가 여러 가지 기적들을 행할 수 있다. 누군가 내게 문자 그대로 예수께서 죽은 나사로를 살려냈느냐고 묻거나, 그분이 정말 물을 포도주로 변화시켰냐고 묻는다면 나는 이렇게 대답할 것이다. "확실히, 나는 모른다. 하지만 내가 분명히 알고 있는 것은 이것이다. 신앙이란 이해되기 전에 먼저 신앙대로 살아내야 하는 것이고, 그렇게 신앙대로 살면 살수록 모든 것이 가능하게 된다는 것"이라고. 나는 이 가정 저 가정 심방을 하면서, 실제로 예수께서 맥주를 가구(家具)로 바꾸시고, 죄인들을 성자들로, 증오로 꽉 차 있던 관계들을 사랑이 물든 관계로, 비겁함을 용기로, 실망에 찌든 삶을 희망에 부푼 삶으로 바꾸어 놓은 수많은 삶들을 목격할 수 있었다. 이런저런 사례와 삶들을 통해서 그리스도는 "하나님의 능력으로 구원을 이루는 분"이라는 걸 깨달았다. 그것만으로도 나는 기적을 이미 충분히 본 것이다.

♣

　사람들을 구원하는 것은 모두 처음엔 미미하게 시작된다. 하나님이 이 땅에 아기로 오신 것은 결국 인간인 우리를 성장시키시기 위해서다. 그것은 우리가 현재에 충실하지 않으면서 하나님이 우리와 함께 계시지 않는다고 불평하는 것을 그치라는 뜻이며, 우리가 마치 세상의 질병을 치유하느라고 큰 수고라도 한 것처럼 하나님께 왜 질병을 내셨냐고 대드는 걸 그치라는 뜻이며, 또한 우리 스스로 책임지고 감당할 생각과 행동을 하나님의 책임인 양 전가하는 것을 그치라는 뜻이다. 나는 전에도 그랬듯이 앞으로도 수없이 이렇게 말할 것이다. 하나님은 최소한으로 보호하시면서 최대한의 지원을 아끼지 않으신다고. 하나님은 우리가 성장할 수 있게끔 최대한 도와 주시며, 우리의 가슴과 영혼이 하나님의 우주의 넓이만큼 확장될 때까지 우리에게 최대한의 지원을 보내신다. 하나님은 우리가 오만하고 편협하며 비굴하게 구는 걸 원치 않으신다. 성탄절에 구유에 누운 아기 안에 거저 쏟아 부었던 하나님의 사랑처럼, 우리들도 서로 즐겁게 거저 주고받기를 원하신다.

♣

기쁨은 가장 중요한 기독교인의 감정이다. 의무감은 감사의 마음이 떠오르지 않을 때에만 일어난다.

♣

예수께서 "하늘에 계신 우리 아버지!"라고 말씀하실 때 나는 귀담아 듣는다. 회의로 가득 찼던 대학 시절에도 나는 예수님이 하나님과 세상에 대해서 분명히 나보다 훨씬 많이 아신다는 걸 알았기 때문에 나는 조심스럽게 그 말에 주의를 기울였다. 예수님은 이 세상에 집이 없는 고아들이 많다는 것을 심각하게 여기셨기 때문에, 하늘에 계신 아버지에 관해서 내게 꽤 설득력 있게 말씀하실 수 있었다. 예수님은 이 세상이 증오심에 갇힌 채 끊임없는 불화 속에서 살아가고 있다는 걸 아셨기에, 사랑의 관계 속에서 평화스럽게 살아가는 법을 더욱 설득력 있게 말해 주실 수 있었다. 예수님은 그분 스스로 어둠과 슬픔과 죽음을 이해하고 있었다는 걸 내가 알고 있었기 때문에 내게 빛과 즐거움과 환희에 대해서도 말해주실 수 있었다. 그래서 마침내 예수님이 나의 주님이 되셨고 나의 구세주가 되신 것이며, 또한 그것이 바로 내가 주기도문의 권위가 믿을 수 있는 근거에서 시작되었다고 당당하게 말할 수 있는 이유라 할 수 있다.

♣

"너희는 먼저 하나님의 나라와 그의 의를 구하라." 모두 좋고 훌륭한 말이다. 그러나, 이 말씀을 하신 그리스도는, 여우가 포도밭을 망치는 것처럼, 우리 삶의 영적 근거를 갉아먹는 것도 보통 시시하게 괴롭히는 작은 염려들이라는 것을 알고 계셨다. 결국, 성경 속에 등장하는 세 인물들이 그들의 영원한 장자권(長子權)과 축복을 박탈당한 까닭도 역시 은 삼십 냥과, 새로 산 황소 다섯

마리, 한 시간의 피로 끝에 놓인 팥죽 한 그릇이 아니었던가. 우리도 바로 그따위 것들에 유혹 받고 있지 않는가?

♣

과거의 나빴던 결과들은 우리를 떠나지 않는다. 만약 우리가 이 나쁜 결과를 바꾸기 위해 그 죄를 용서한다면 이 세계를 분열시키는 증오심의 절반은 해소될 수 있을 것이다. 자, 더 생각해 보자. 개인적인 삶에서나 이 세상의 삶에서나 우리가 이 모든 증오심을 묻어버리는 피뢰침의 역할을 함으로써 죄를 용서할 수만 있다면 모든 증오심을 끝낼 수 있을 것이다. 우리가 "증오는 이제 여기서 그만!" 하고 자신에게 말할 수만 있다면 말이다.

♣

예수는 인간성을 비춰주는 거울이면서 동시에 신성(神性)을 보여주는 창문이다. 그 창문을 통해 유한한 우리들의 눈으로 볼 수 있는 만큼의 하나님이 드러난다. 그리스도께서 약자들에게 힘을 주시고, 권력자들을 질책하시고, 상처 입은 사람들의 상처를 아물게 하시며, 그들을 괴롭히던 사람들을 심판하시는 모습을 신자인 우리들이 보게 될 때, 우리는 하나님의 힘이 그 속에서 작용하고 있는 것을 똑똑히 보게 된다. 궁극적으로 중요한 건 그리스도가 하나님을 닮은 것이 아니고, 하나님이 그리스도를 닮았다는 사실이다. 하나님이 그리스도를 닮은 것이다. 우리가 알아야 하는 게 바로 그것이 아닌가? 그러고 나면, 우리는 어떻게 기도드릴 수 있는지를 알게 되는데--"우리 주, 예수 그리스도의 이름으로"--그분은 우리가 기도드리는 방식에 대해 확신과 권리를 주신다.

♣

우리는 하나님이 강하시기를 바란다. 그래야 우리가 약해질 수도 있기 때문이다. 그러나 하나님은 우리가 강해질 수 있도록 당신 자신은 약하게 되길 원하신다. 우리는 그분이 힘이 세다는 것을 스스로 증명해 주길 원한다. 그러나 하나님은 대답하신다. "너희가 진정으로 원하는 것은 내 힘의 증거냐, 너희들의 자유냐?"

♣

여기서 기독교 신앙의 또 다른 초석에 대하여 한 번 짚고 넘어가 보자. 즉, "하나님은 좋은 아버지"라고 우리가 생각한다면 그건 하나님이 가부장적이지 않다는 뜻이다. 전력을 다해서 좋은 부모가 되려는 우리 모두가 알고 있듯이, 사랑은 힘을 행사할 때엔 자기절제를 하게 된다. 우리는 우리 자녀들이 원하는 자유, 곧 더 성숙해지고 더욱 독립적이 되려는 자유--하나님이 그들에게 원하는 자유--를 제한시킬 목적으로 우리 힘을 함부로 행사할 순 없다. 하나님 역시 종들에게 선택할 자유를 남겨 놓으셨으므로.

♣

이 세상에서 하는 일들이 잘 안 될 때, 항상 그렇듯이, 우리 스스로 자신의 문제에 사로잡히거나 과장된 꿈에 젖어 이웃에게서 떠나가는 냉담함을 가졌으면서도, 많은 사람들은 "어떻게 하나님은 그렇게 나쁜 일이 일어나게 하셨을까?"라고 말하면서 하나님을 떠나간다. 그들이 하나님에 대한 신앙으로부터 떠나가는 대신에, 자신들의 인간에 대한 헛된 소망이나, 진보가 자동적으로 일어난다는 얄팍한 신념, 또는 "인간의 고귀함"에 대한 감상적 관념 등에서 떠나는 것이 더 이치에 맞는 일이 아닐까? 우리는 사랑하고 서로를 위해 살아야 한다. 그러나, 이것은 우리가 서로 사랑스럽기 때문이 아니라, 그것이 우리가 사랑스럽게 되기 위한 유일한 길이기 때문이다. 서로 사랑하라. 그러나 "하나님을 신뢰하라." 이 세상에 한 나라의 화폐에서 "하나님을 신뢰한다"(In God we trust, 미국 화폐에 적혀 있는 말 - 역주)는 말보다 더 적절한 말은 찾아낼 수 없을 것이다.

♣

문자적으로 사실인 것이 그다지 중요하지 않다는 걸 모든 사람이 깨닫는 것 역시 꽤 중요하다. 중요한 것은 "무엇이 영원히 참된 것인가?"이며, 성경이 영원히 참된 이유는 그 말씀이 우리가 항상 동의해야만 하는 보편적인 가르침으로 주어졌기 때문이 아니라, 영원히 인간적인 상황, 곧 그 안에서 우리가 결정을 내려야만 하는 영원히 인간적인 상황에 대해 주어진 말씀이기 때문이다.

♧

내 친구 신부님은 얼마 전에, "성경은 사실이야. 정말 특별한 일들이 일어났었잖아!" 하고 말했다 .

♧

그레이시 알렌은 "하나님께서 쉼표를 찍은 곳에 절대 마침표를 찍지 말라"고 강력하게 주장했다.

♧

성지(聖地)에는 아주 오래된 두 바다(큰 호수)가 있다. 그 두 바다는 모두 요단강에서 흘러든다. 한 곳에는 물고기가 뛰어 놀고, 나무들이 뿌리를 잘 뻗는다. 그러나 다른 한 곳엔 물고기도 놀지 않고, 새소리도 들리지 않으며, 주위에 나무 한 그루 풀 한 포기 살아 있지 않다. 요단강은 두 곳에 모두 흘러들고 있기 때문에, 이 두 곳 사이의 차이는 요단강에서 비롯된 것이 아니다. 갈릴리 바다에서는 흘러 들어온 물만큼 흘러 나간다. 자신을 내어주면서 그 자신도 살아 있다. 그러나 다른 한 곳은 그 무엇도 그 누구에게도 주지 않는다. 그래서 그것을 우리는 사해, 죽은 바다라 부른다.

♣

참 이상하게, 우리에게 기쁨이 없는 것은 우리에게 열정이 없기 때문이다. 열정이야말로 우리를 기쁨의 샘 곁으로 이끌어 가기 때문이다. "그 앞에 놓인 기쁨으로 인해서, 예수께서는 수치를 무릅쓰고 십자가를 견뎌내셨다"고 히브리서는 말하고 있다. 예수님 앞에 놓였던 그 기쁨은 자기 완성의 기쁨이며, 그 기쁨은 또한 하나님을 알게 되는 데서 오는 기쁨이다. 왜냐하면 하나님에 대한 앎은 가슴에서 우러나오는 생생한 것이기 때문이다. 하나님이 수난을 받는 하나님이라면, 이 전 우주가 무한한 자비의 가슴으로 지탱되고 있다면, 우리가 그분의 이름으로 고난을 받으면 받을수록 우리는 그분께 더 가까이 다가가는 중이리라. 그리고 우리가 그분께로 가까이 갈수록 우리는 우리 자신보다 훨씬 더 믿을 만한 사랑으로 사랑받고 있다는 걸 더 깊이 깨닫게 될 것이며, 우리가 자신에게 줄 수 있는 상보다 더 높은 상을 받게 될 것이다. 그래서 취약한 삶에 둘러싸인 우리도 그 취약함을 기쁨에 가득 차서 강하게 이겨낼 수 있을 것이다. 바로 그 때문에 예수께서는 자신의 수난을 바라보며 울고 있는 여인들을 향하여, "나를 위해 울지 말고 너희 자신을 위해 울어라"고 하신 것이다. 어느 모로 보나 그 사건은 이제 막을 내렸고, 사랑의 보트(love's boat)도 일상의 고된 일에 부딪쳐 산산조각이 나버렸다. 그러나 신앙의 눈으로 보면 모든 것이 결국은 선을 이루게 될 것이다.

우리가 하나님을 "보호해 주시는 아버지"로 여겨서, 전혀 예기치 못했던 모든 돌발 사고까지도 책임을 지는 분으로 잘못 인식한다면, 그분을 향한 우리들의 매순간의 실망들은 아무래도 하나님에 대한 우리들의 확신을 축소시킬 수밖에 없다. 많은 신자들이 그런 식으로 신앙을 잃어가고 있다.

♣

심리적인 고통 중에 가장 최악의 형태의 고통은 죄로 인한 죄책감이다. 여러분 중에는 자신들이 용서받을 수 없는 행동을 했다는 끔찍한 죄의식에 시달리는 사람이 있을 것이다. 하지만 바로 그 "용서받을 수 없는"이라는 단어 자체가 용서받을 수 없는 것이다. 왜냐하면 용서받을 수 없는 것들만이 용서받을 수 있기 때문이다. 용서받을 수 없는 것보다 덜한 것은 용서를 필요로 하지 않는다. 또한 어떤 종류라도 흉터는 이제는 나았다는 표시다. 흉터란 흔적 없이 아문 상처가 아니다. 비록 흔적은 남아 있더라도 어쨌든 다 나은 상처가 흉터이다. 우리들의 "상처받은 치유자"인 예수님, 그분 가슴 언저리에 남아 있는 모든 흉터의 조직들을 생각해 보자.

♣

나는 죄라는 말이 왜 그렇게 나쁜 말이 되는지 잘 모르겠다. 분명 우리 모두는 죄인이기 때문에, 우리가 더욱 심한 죄인일수록 우리는 그 사실을 부정하려고 더욱 애쓴다. 그러나 지금 문제는 그게 아니고, 우리 안에 있는 죄보다 하나님 안에 얼마만큼의 큰 사랑과 자비가 있는지가 문제다. 사도 바울이 사랑은 죽음보다 강하다고 말한 것처럼, 용서는 죄보다 훨씬 강하다. 이 말은 가장 믿기 어려운 것일 수 있는데, 죄책감이란 자존심을 지키는 가장 마지막 근거이기 때문이다. 그러나 "죄책감"이란 나의 판단을 의미하는 것이고, "용서받았다"는 것은 아마 다른 사람, 혹은 하나님의 판단을 의미하는 것이리라. 그러므로 나는 내가 스스로 할 수 없는 것을 다른 이가 나에게 해 주도록 허락하기에는 나 자신이 너무 교만한 것이다. 때로는 주는 것보다 받을 수 있는 일이 훨씬

믿음, 소망, 사랑 *37*

더 큰 축복이 되곤 한다. 적어도 그건 더 큰 겸손을 필요로 하기 때문이다.

♣

"여인숙에는 그를 위한 방이 없었습니다." 그리스도의 생애에 대해서 이토록 상징적인 이 구절은 2천 년 전처럼 오늘날도 사실일 것이다. 그리스도께서 지상에서 활동하셨던 그 시대에 그분이 머물 수 있었던 유일한 곳은 말구유와 십자가 위뿐이었다. 오늘날 우리의 시끌벅적하고 소란한 가슴 속에, 노숙자들에게 단지 임시 머물 쉼터만을 제공할 수 있는 우리들의 도시 안에, 핵전쟁을 착착 계획하는 것이 애플파이처럼 극히 미국적인 것이 되어버린 우리나라 안에, 지금 예수님을 위한 방이 더 이상 남아 있을까? 그리스도는 태어나실 장소를 찾고 계시며 우리가 그분을 거절하는 일은, 2천 년 전 사람들이 그런 것처럼 오늘 우리들도 예수님이 머물 방을 거절하고 있고, 아마도 앞으로도 그분은 계속 찾을 것이고 우리들은 계속 거절할 것이다.

♣

왜 기독교인들은 그렇게 자주, 그렇게 기쁨이라곤 하나도 없이 살아갈까? 내 생각에 그 이유는 너무 자주 기독교인들은 단지 자신들을 비참하게 만들기에 충분한 종교만을 가지고 있기 때문인 것 같다. 그들이 아는 것은 죄책감뿐, 그들은 용서는 모른다. 니체가 정확하게 언급하지 않았던가. "기독교인들은 좀더 구원받은 사람들처럼 보여야 한다"고.

♣

죄의식이 가진 문제는 우리가 심판을 피하기 위해 흔히 형벌을 찾곤 한다는 점이다. 심판은 새로운 삶의 방식을 요구하는 데 반해, 형벌은 죄의식을 어느 정도 달램으로써 예전의 삶의 방식을 또 다시 견딜 만한 것으로 만들기 때문이다.

♣

여러 해 동안의 상담자로서의 경험을 통해, 죄의식과 외로움에 대한 나의 의구심은 상당히 증폭되었다. 나는 죄의식은 지옥과 같은 것이고 그렇기 때문에 그런 죄의식에 빠져 있는 사람들은 크게 동정을 받고도 남음이 있다는 걸 알게 되었다. 그러나 내가 미심쩍게 느껴지는 것은 죄의식에 빠진 대부분의 사람들이 용서의 가능성을 부정하는 이유가, 용서받을 수 있다는 것이 믿기 어려운 엄청난 일이어서가 아니고, 용서와 함께 따르는 책임감이 두려워서 그러는 것이 아닐까 하는 거였다. 죄의식이 지옥이라면, 책임

믿음, 소망, 사랑 *39*

을 지는 일은 그보다 더욱 견디기 힘든 일이다.

♣

외로움은 이기심에 그 깊은 뿌리를 두고 있다. 외로움으로 인한 우리의 고통은 우리 자신의 짐을 함께 나눌 사람이 없어서라기보다는, 오직 나 자신만의 짐을 나누려 하기 때문이다.

♣

죄의식의 진부함은 그것이 너무도 쉽고 편하게 책임을 대신하는 데 있다. 우리가 우리 목을 내놓는 것보다 자신의 가슴을 치는 것은 얼마나 쉬운 일인가.

♣

신앙으로 인해서 우리가 어떤 일을 시작한다면, 희망은 우리로 하여금 그 길을 꿋꿋이 걸어가도록 만든다.

♣

우리가 어느 모로 보나 절망적인 현실 속에서도, 신앙을 지키도록 돕는 것은 희망이다. 절망에도 불구하고 신앙을 지키는 길만이 변화의 가능성을 열어갈 수 있는 유일한 길이라는 것을 희망은 알고 있기 때문이다.

♣

희망은 낙천주의와는 아무 관계가 없다. 희망의 반대는 비관주의가 아니라 절망이다. 예수께서 그분의 영혼이 실망의 궁지로 빠져드는 것을 절대로 허용하지 않았다면, 우리들 역시 우리의 영혼을 실망의 궁지로 몰아가서는 안 되는 것이 분명하다.

♣

희망은 현실을 비판하지만, 절망은 현실을 합리화한다. 희망은 현실에 대해 저항하고, 절망은 현실에 적응한다.

♣

권력의 자리에서 멀리 떨어져 있는 사람들이 얼마나 자주 사물의 본질에 더 가까이 머무는가. 예수님의 말씀을 듣기 위해서 산기슭에 모인 사람들 중에는 로마의 백부장도, 헤롯 왕가 사람들도, 바리새인들도 없었다는 것을 기억하자. 그들은 예언자들에게 돌을 던지려 하지 않았던 사람들, 이집트로 되돌아가게 해달라고 모세에게 애원하던 사람들과 같은 평범한 민중들이었다. 그러나 예수께서는 바로 그와 같은 사람들에게, "너희는 세상의 소금이다," "너희는 세상의 빛이다"라고 말씀하셨다.

평범한 민중들이 그처럼 지혜로우신 분으로부터 그처럼 대단한 칭찬을 받았던 적이 단 한 번이라도 있었던가?

♣

내가 좋아하는 이야기 중엔, 거의 죽을 지경으로 아파서 몇 명의 의사들이 둘러싸고 있는 수술대로 끌려간 16세기, 파리에 살았던 거지에 관한 이야기가 하나 있다. 그 거지가 라틴어를 알아들을 거라고는 꿈에도 생각지 못했던 의사들은 라틴어로, "이 천하고 더러운 놈을 해부용으로 쓰도록 합시다"라고 말했다. 나중에 유명한 시인이 된 이 거지 마크 안토니 뮤레는 그 당시 실제로 가난한 학생이었는데, 그는 그때 수술대에서 벌떡 일어나서, "당신들, 그리스도께서 저 작자를 위해서는 자신이 죽을 가치가 전혀 없다고 생각한 그런 더러운 사람 하나를 불려주겠소?" 하고 라틴어로 물었다.

그리스도께서 우리 중의 누군가를 위해서는 자신이 전혀 죽을 가치가 없다고 생각하지 않았다면, 우리들 가운데 우리의 목숨을 바칠 만한 가치가 없는 이가 누구겠는가?

♣

마틴 루터가 옳았다. "하나님은 썩은 나무를 다듬어 절름거리는 말을 타실 수 있다."

♣

정말로, 우리는 악을 증오해야 한다. 그렇지 않으면 우리는 감상적일 따름이다. 그러나 우리가 선을 사랑하는 것보다 악을 더 혐오한다면, 우리는 지독한 증오자들이 되는 것일진대, 그런 사람들은 이미 세상에 넘쳐난다. 그러므로 우리의 분노가 아무리 깊다 할지라도 그리스도의 분노처럼 사랑만이 항상 유일한 잣대여야 할 것이다.

♣

타인을 사랑하는 일은 미덕이고, 자기를 사랑하는 일은 악덕이라는 고정관념에서 우리가 단 한번에 벗어날 수 있다면 정말 얼마나 즐겁고 멋있는 일일까? 진정으로 악한 것은 자기애가 아니라 이기심이며, 이기심은 자기애보다는 자기혐오의 산물이다. 모든 이기심은 궁극적으로는 불안감과 자기애의 결핍에서 비롯된 것이므로 그에 상응하는 보상을 요구하기 때문이다.

♣

　두려움은 친근함을 파괴한다. 두려움은 서로를 서로에게서 떼어놓거나, 아니면 자유를 희생시켜 가면서까지 서로에게 집착하게 만든다. 두려움은 여러 가지 방법으로 삶을 파괴한다. 사랑만이 삶을 유지시킬 수 있고 새로운 삶을 창조할 수 있다. 오직 사랑만이 친근함과 자유를 출산할 수 있다. 왜냐하면 우리 모두의 가슴이 하나로 일치된다면, 그 밖의 모든 것--옷과 나이, 성별과 성적인 취향, 인종과 사고방식--은 하나가 될 필요가 없는 것들이기 때문이다.

♣

　우리가 자신을 혐오한다면 결코 남도 사랑할 수 없다. 왜냐하면, 사랑은 우리 자신을 남에게 주는 선물이기 때문이다. 어떻게 우리가 혐오하는 것으로 남에게 줄 선물을 만들겠는가?

♣

　짐승이 된 사람이 누군가의 사랑을 얻고 나서야 비로소 인간의 모습을 되찾을 수 있다는 옛날이야기를 나는 언제나 좋아한다. 이것이야말로 사랑의 단서라고 생각하기 때문이다. 사랑은 우리를 더욱 인간이 되게 만들며, 서로를 더욱 잘 돌볼 것을 요구하기 때문에, 무조건 좋은 게 좋다고 그냥 넘어가지 않는 정직함을 요구한다. 우리는 진정, 서로에게 정직해야만 한다. 실재하는 우리들의 가장 큰 단점은 감춰져 있게 마련이므로, 우리에겐 그 단점을 드러내줄 외부의 폭로자가 필요하기 때문이다.

♣

나는 하나님께서는 사랑을 삶의 최우선의 목표로 삼은 사람들과 함께 사신다고 믿는다. 그 사랑 안에는 감상이 없다. 그 사랑은 양보만 일삼는 끝없이 유순한 사랑도 아니다. 아모스와 이사야로부터 간디와 킹 목사에 이르는 예언자들은 함께 아파하는 사랑이 얼마나 자주 대결을 요구하는지를 우리에게 잘 보여준 분들이었다. 비판이 없는 사랑은 하나의 배반일 뿐이다. 거짓말은 말로만이 아니라 침묵으로도 할 수 있다. 하나님의 사랑은 항상 도달하기 어려운 먼 곳에 있는 정의의 편에 머물 뿐, 결코 도달하기 쉬운 곳에 머물진 않는다.

규칙들이란 기껏해야 표지판일 뿐이지 결코 말뚝이 아니다. 나는 개인적으로 기독교적인 규칙 같은 것이 있는지에 대해 의심한다. 아마도, 그 행동을 불러일으킨 동기에 따라 다소간 기독교적인 행동들만이 있을 것이다. 그러나 우리가 "규칙들을 버려라!"하고 말한다면, 우리는 동시에 "사람들을 세워라!" 하고 말해야만 한다. 우리가 만일 기독교인들로서 자유를 드높인다면, 자유는 사랑에 근거한다는 사실을 기억해야만 한다. "사랑하지 않는 사람은 죽음에 머물러 있다." 비록 외부적인 규칙들을 세우지는 않지만, 사랑은 그 내부로부터 그만한 것을 요구한다. 폴 램지가 말했듯이, "기독교인의 사랑이 모든 것을 허락한다면, 기독교인의 사랑은 모든 것을 요구한다." 따라서 세상 사람들은 "무슨 짓이든 괜찮다"고 말할 때, 기독교인들은 "사랑은 무엇을 요구하는가?" 하고 묻는다.

간단히 말해서, 우리가 말하는 사랑이 한편으로는 율법주의에 대한 대답이며, 또 다른 한편으로는 무법주의에 대한 대답이다. 사랑은 자주성을 매우 존중한다. 사랑은 개성을 드높이지 결코 깔아뭉개지 않는다. 사랑은 우리의 모든 행동들이 서로를 향해 나아가는 운동을 반영할 것을 요구하지, 결코 서로에게 등을 돌리거나 대적하도록 만들지 않는다. 또한 사랑은 모든 사람들이 그들의 모든 관계에 대한 책임을 떠맡을 것을 주장한다.

♣

사랑은 그 자체가 보상이다. 사랑의 마음이 피어날 때, 사랑함으로써 받게 될 보답에 의존하지 않는다. 바로 이런 이유 때문에, 우리는 천국을 하늘에서 받을 선물, 곧 죽은 후로 연기된 만족으로 생각하는 것을 거부해야만 한다. (나는 텔레비전에 출연하는 목사들 중에 우리의 이기적인 동기에 호소함으로써 우리의 이기심을 극복하려는 방식을 혐오한다!). 그러나 중요한 사실은 사랑이 보상을 받는다는 사실이다. 교육을 받아 얻는 이익이란 계속 교육을 받는 기회인 것처럼, 사랑하는 사람이 받는 보상은 더욱 취약해지고 더욱 부드러워지며 더욱 사람들을 잘 돌보게 된다는 사실 자체다.

♣

사랑에 관한 모든 설교는 우리 시대의 가장 어려운 사랑의 문제, 즉 전 지구적으로 대규모로 인간의 존엄성이 유린되는 현실을 개선시킬 만한 효과적인 방법을 어떻게 발견하느냐 하는 문제를 빼놓을 수 없다. 우리가 사랑을 효과적으로 실천하기 위해서는 집단적으로 행동해야만 한다는 사실과, 그런 집단적인 행동에서는 개인의 관계가 정치적 권력관계를 무시할 수 없다는 사실을 깨달아야만 한다. 기술공학적이며 복잡한 세상의 이런 진실을 기독교인들이 터득하기까지는, 우리가 이 세상에서 늑대 무리를 쫓아가려고 애쓰는 애완용 강아지들 신세를 결코 면하지 못할 것이다.

♣

그를 동정의 대상으로 만드는 사회구조에 대한 관심은 없이, 개인적으로 동정을 드러내는 건 사랑이라기보다는 차라리 감상이라고 보는 게 옳을 것이다.

♣

사랑은 분명히 누군가를 시시하고 고부시켜 주는 것이지만, 반드시 그에게 동의하는 것은 아니다. 그동안 알던 것과 완전히 반대가 아닌가! 서로 사랑한다면, 우리들의 사악한 꿈에 맞서 싸울 수 있게 우리는 서로를 돕게 될 것이다. 실망과 자기연민을 겪어가면서 우리가 열정에 둔감해지게 될 때, 하나님이 새벽 여명의 희미한 틈을 만드셨고, 장미를 붉게 하시고, 플라톤과 같은 철학자와 플레이아데스 같은 신비한 별들을 만드셨다는 걸 우리에게 상기시켜 줄 친구들과, 우리가 힘들어 지칠 때 위로를 줄 친구들이 필요하다. 진정한 친구란 친구보다 우정을 우선시하는 친구가 아니라, 친구를 위해선 우정이 깨질 것도 감수하는 친구다.

♣

사랑이 우리의 키를 잰다. 우리가 사랑하면 할수록 우리의 키는 나날이 커진다. 온통 자기 자신만으로 꽁꽁 포장을 한 사람만큼 작은 꾸러미는 이 세상에 없다.

♣

"나보다 자기 아버지와 어머니를 더욱 사랑하는 사람은 내게 합당치 않다." 이 말씀은 그다지 잔인한 말씀이 아니다. 그리스도를 아버지 어머니보다 더 사랑하게 되면, 부모님을 향한 우리의 사랑이 단지 우상 숭배로 떨어지는 것을 막아주게 된다. 러브레이스의 시 한 편을 떠올려보자.

　오, 내 사랑, 그대를 몹시 사랑하기는 어렵다오,
　내, 명예보다 그댈 더 사랑할 수는 없다오.
　(리챠드 러브레이스. "루스카스타여, 나는 지금 전장터를 향하오")

"명예"라는 단어 대신에 그 자리에 "예수"를 대입해 보면, 우리에게 하나님이 은총으로 주신 우리의 사랑하는 사람들 외에는 더 이상 아무것도 생각하지 말아야 한다고 속삭여대는 사탄의 유혹에 빠지지 않을 수 있게 된다. 나는 예수께서 우리에게 가정을 파괴하라고 하셨던 말을 들어본 적이 없다. 단지 예수께서는 사랑의 원천이신 하나님이, 그분이 소중히 여기는 각 가정에 적합하게 어울리는 가장(家長)이시라는 사실만을 상기시켜 주신다.

믿음, 소망, 사랑　*49*

♣

사랑해라, 그러면 세상 사람들이 어떻게 생각하든지 간에 당신은 성공한 사람이다. 기독교, 곧 하나의 신념체계로서가 아니라 일차적으로 삶의 방식으로서의 기독교의 가장 높은 목적은 서로 사랑하는 것이다. 사랑함으로써 얻는 우리의 첫 열매는 바로 기쁨이다. 그리고 그 기쁨은 삶의 의미와 자기 완성을 드러내준다.

♣

너무 많은 신자들이 신앙을 삶의 목표로 삼는다. 그들은 (믿음, 소망, 사랑 가운데 - 역주) "가장 위대한 것"을 신앙으로 확신하는데, 그들이 확신하는 신앙이란 틀림없는 교리로서 정의된 신앙이다. 이런 사람들은 가슴을 따뜻하게 데우는 것보다는, 교리를 차갑게 얼어붙게 하는 데 더 관심을 갖는 교조적이고 분열을 일으키는 신자들이다. 신앙은 다른 사람들을 배척하는 것일 수 있지만, 사랑만이 유일하게 다른 사람들을 품어 안는 것일 수 있다.

♣

인간성 안에 숨은 가장 큰 악들은 사랑의 부족에서 기인된 게 분명하다. 신약성서에 나오는 "기적의 고기잡이"(누가 5)에서 잡힌

건, 베드로와 제자들이 그날 잡은 대구와 청어 등의 고기가 아니다. 사실은 베드로와 제자들, 그리고 심지어 지금 여기 모인 우리들까지 그리스도의 사랑의 큰 그물 안에 잡힌 것이다.

♣

우리 중에 많은 사람들이, 홀로 설 수 있는 힘, 독립적으로 행동하는 능력 같은 자율성을 과대평가한다. 너무 극소수의 사람들만이 의존성과 상호의존성의 미덕, 특히 우리가 연약하게도 쉽게 부서져 내릴 수 있는 그 능력의 미덕에 대해 가치를 둘 줄 안다. 우리 안에 도사린 방어감이 사라졌을 때에야 비로소 우리는 배움, 특히 잘못된 것을 고쳐 배울 수 있다. 자신에 대한 방어벽을 무너뜨릴 때 우리는 배울 수 있다. 그런데 사랑하고 사랑받는 바로 그 순간이 있어야만 우리는 자신의 방어벽을 허물 수 있다.

♣

세상이 끔찍할 지경으로 난장판이 된 이유는 당연히 하나님 때문이 아니라 우리 때문이다. 하나님은 우리의 자유를 빼앗아 감으로써만 그 난장판을 정돈하실 수 있다. 그러나 대체 어느 곳에 자유가 없이 사랑이 존재할 수 있단 말인가? 역설적이게도, 세상을 이처럼 사랑하시는 하나님 때문에 이 세상엔 그토록 숱한 수난과 고통이 넘치고 있다. 하지만 하나님은 사랑이기에, 그분 역시 피조물의 영혼과 육체를 통해서 함께 고통을 받고 계신다. 바로 이런 이유 때문에 바울은 "우리가 사는 동안 우리는 언제나 예수를 위하여 죽음에 넘겨지고 있다"고 말했다.

♣

병적인 집착은 언제나 눈을 멀게 만든다. 이와는 대조적으로, 사랑은 순종과 동시에 최고의 총명함을 요구하는 환상을 보게 한다. 신앙은 생각을 대신하는 대용품이 아니다. 신앙은 선하고 좋은 생각을 가능하게 해주는 것이다.

♣

관용과 수동성은 치명적인 콤비다. 관용과 수동성 둘이 합쳐지면, 참을 수 없는 것을 참아내게 하고, 사랑하는 일에서 분노의 힘을 무시하도록 만든다. 만일 우리가 권력구조에 대한 우리의 분노를 가라앉힌다면, 권력에 희생된 사람들을 위한 우리의 사랑의 수위마저 낮춰버리게 되기 때문이다.

평화의 반대말은 갈등이라고 가르쳐 온 것과 똑같이, 교회는 사랑의 반대 개념을 줄곧 증오라고 가르쳐왔다. 평화의 반대가 무엇인지 나는 잘 모르겠다. 그러나 평화의 반대가 갈등은 아니며, 심지어 폭력조차도 아닐 수 있다는 건 알겠다. 평화의 반대는 아마 불의(不義)일 것이다. 그러나 나는 사랑에 관해서는 확실히 성경이 옳다고 확신한다. 즉 사랑의 반대는 증오가 아니라 두려움이다. "사랑에는 두려움이 없습니다. 그러나 완전한 사랑은 두려움을 몰아냅니다."

♣

성경에 기록된 대로 만약 "하나님이 사랑"이라면, 그렇다면 인간인 우리의 자유도 분명히 존재하는 셈이다. 도스도스예프스키의 대심문관이 적절하게 구별해 낸 것처럼, 우리에게 자유는 짐이고 선택은 두렵다. 그러나 자유는 절대 불가결한 사랑의 전제조건이다. 선한 일을 할 자유가 우리 것이듯, 죄지을 자유 또한 우리 것이다. 인간이 저지른 폭력에 희생된 죄 없는 희생자들의 고난을 지켜보며, 우리가 괴로움에 가득 차 하나님께, "왜 당신은 이런 일이 일어나게 내버려두셨나요?" 하고 대들며 따질 때, 하나님도 우리가 항의하는 바로 그 순간 우리를 향하여 아주 똑같은 질문을 던지고 계신다는 걸 분명히 기억해야만 한다.

♣

성경이 말한 대로 "하나님은 사랑이시다." 그리고 그것은 하나님의 계시가 관계 속에서 모습을 드러낸다는 뜻이다. "하나님은 사랑이시다"는 뜻은 하나님은 우리의 실천을 통해 알려지는 분이지, 교리를 통해 알려지는 분이 아니라는 뜻이다. "하나님은 사랑이시다"는 옛 신비를 치워버리지 않고, 새 신비를 드러낸다. "하나님은 사랑이시다"는 우리가 통달할 수 있는 진리가 아니다. 그것은 단지 우리가 순종할 수 있는 유일한 진리다. 신앙은 사랑의 힘으로만 파악할 수 있다.

♣

예수님의 죽음 이후, 베드로뿐 아니라 그의 제자들은 예수께서 돌아가시기 전에 그들이 지녔던 그들의 사람됨보다 몇 배나 더 성숙해졌고, 몇 배나 더 큰 사람이 되어 있었다. 그건 논박의 여지가 없는 사실임에 틀림이 없다. 그들의 열광(문자적 의미는 "하나님 안에")에 맞서기 위해서 반대세력이 조직되었고, 그 반대세력에 맞서기 위해서--많은 신학자들이 믿고 있듯이--빈 무덤의 교리가 생겨났는데, 이 교리는 부활절 신앙의 원인이 아니라 결과로서 생긴 것이다. 아마도 마태복음서의 마지막 장은 문자적으로 맞을지도 모른다. (나는 이에 관해서는 별로 논쟁하고 싶지 않다.)

하지만 나는 우리들 중 누구도 그것 때문에 계속해서 비틀거리는 것을 바라지도 않는다. 성경 속에 나오는 다른 기적 사건들처럼, 그것도 신앙의 근거라기보다는 하나의 신앙고백일 것이다.

그들 앞에 나타나신 예수님을 보고 예수께서 그들의 살아 계신 주님이라고 확신을 갖게 된 제자들은, 이 확신을 분명히 표현할 수 있는 오직 한 개념만을 갖고 있었는데, 그것이 바로 죽은 자의 부활이라는 교리였다. 사도 바울은 이처럼 마지막 때의 사건들을 기대하고 있었으며, 하나님이 권능의 행동을 통해 예수님을 죽은 사람들 가운데서 영적인 몸으로 다시 살리셨다고 보았다. 바울의 편지들에서는, 살아 계신 그리스도와 성령이 결코 명확하게 구별되지 않기 때문에, 바울이 "내 안에 사시는 분은 내가 아니라 바로 그리스도시다"라고 말했을 때, 그는 우리의 삶 속에서 나와 여러분이 경험할 수 있는 똑같은 성령에 대하여 말하고 있는 것이다. 내 실존적인 삶 속에서 나는 그리스도를 기억으로서가 아니라 현존으로서 경험하고 있기 때문에, 나는 개인적으로 예수 그리스도의 부활을 열렬하게 믿고 있는 것이다. 오늘 부활절에 우리들은 사실상, 예수께서 다시 살아나셨다는 "기억을 주신 것에 감사합니다"하는 곡조로서 그 사업을 마치려고 이 자리에 모인 게 아니라, "오늘 예수 다시 부활하셨네"라는 찬송을 부르면서 그 사업을 다시 시작하려고 모인 것이다.

사회 정의와 시민의 자유

유대 사람도 그리스 사람도 없으며,
종도 자유인도 없으며,
남자와 여자가 없습니다.
여러분 모두가 그리스도 예수 안에서
하나이기 때문입니다.
- 갈라디아 3:28

그리스도 안에는 동쪽도 서쪽도 없으며
남쪽도 북쪽도 없다.
단지 사랑의 위대한 친교만
온 세상에 있을 뿐이다.
- 존 옥센함

자유는 오늘이나 금년에
오지 않을 것이다.
결코 타협이나 공포를 통해서는
오지 않을 것이다...

자유는 절실하게 필요한 땅에
뿌려진 강력한 씨앗이다.
나 역시 이 땅에 살며
당신만큼 자유를 원한다.
– 랭스턴 휴즈, "자유"

"제가 아우를 지키는 사람입니까?" 아니다. 나는 내 형제의 형제요, 자매다. 형제애는 우리가 새로 창조할 수 있는 그 무엇이라기보다는 우리가 단지 형제 자매라는 사실을 매순간 깨달아 인정하면 되는 것이다.

♣

우리 모두는 서로가 서로에게 속해 있다. 하나님께서 우리를 그렇게 창조하셨기 때문이다. 그리스도께서 죽으신 것도 우리가 서로 서로에게 속한 채 살아가도록 하기 위한 것이었다. 그런데 우리들의 죄는 오로지 하나님께서 함께 묶어놓으신 것을 항상 잡아 떼어 산산이 흩뜨리는 데에 있다.

♣

편견은 편견을 당하는 사람의 가치를 손상시키는 것이 아니라 그 편견을 가지고 사람을 판단한 사람의 가치를 손상시킨다. 편견을 당한 사람이 그 사실을 기억하고 있는 한 그렇다.

♧

"국가들이 좀더 안전하게 되는 것은 결국 보다 덜 자유롭게 될 위험을 감수할 때다." 알렉산더 해밀턴은 이렇게 말했다. 우리는 방어할 가치가 있는 것들을 만드는 일보다는 방어 자체에 더욱 많은 신경을 쓰고 있는 것 같다.

♧

트렌트 롯, 게리 바우어, 팻 로벗슨, 제리 폴웰 등은 모두 자신들의 설교가 동성애반대자들이 일으키는 폭력을 합법적인 분위기로 조성하는 데 별다른 기여를 한 적이 없다고 주장하고 있다. 하지만, 그들은 경멸의 씨앗이 흔히 반감(反感)을 폭력으로 키운다는 걸 모르고 있단 말인가?

♧

다양성은 함께 더불어 살기에는 가장 힘든 일인지도 모르지만, 동시에 다양성이 없는 삶이란 또한 가장 위험한 삶일 것이다.

이것은 자선의 문제가 아니라 정의의 문제다. 노예들이 받은 자유가 그들에게 베푼 선물이 아니라, 아무도 박탈할 수 없었던 그들의 권리를 회복시킨 것과 마찬가지로, 집도 하나의 권리다. 그러므로 집 없는 사람들은 그들의 권리를 박탈당한 것이다.

♣

이 세상에는 사람들과 물건들이 존재한다. 사람은 사랑받기 위해서, 물건은 사용되기 위해서 존재하는 것이다. 그런데 거기서 우리에게 점점 더 중요해지고 있는 사실은 우리가 사람은 사랑하고, 물건을 사용해야 한다는 사실이다. 우리들의 기계장치 같은 정신과 소비지향적인 사회에는 오히려 물건을 사랑하고 사람은 사용하라고 부추기는 요소들이 너무 많기 때문이다.

♣

우아한 멋과 사회적 안정이라는 제단 위에서 진리는 언제든지 희생당할 위기에 처해 있다.

♣

인생의 최종 목표가 정치에 있는 것이 아니라, 인생의 최종 목

사회 정의와 시민의 자유

표는 권력이 인간의 삶을 파괴하지 않고 오히려 드높일 수 있게 만드는 일에 관심을 기울인다. 정치질서가 개인들의 삶에 엄청난 영향을 미친다는 사실을 20세기에도 배우지 못한 자들은 바보천치들 뿐이다.

♣

법은 우리의 생각처럼 표면상으로는 공평한 척 가장하고 있지만 그렇게 공평한 것은 아니다. 법은 권력을 섬기고 있고, 대체로 사회의 현상유지를 반복하고 있으며, 또한 사회변화로 인한 혼란으로부터 현 체제의 기득권자들을 보호하기 위해 만들어진 엄격한 질서를 더욱 확고부동하게 만들어 가는 걸 보면, 법의 실체는 곧 드러난다. 오랜 역사를 가지고 있는 한 가지 정말 고통스러운 진실은 경찰이 부자들의 순조로운 소화를 돕기 위해서 대규모의 경찰력을 동원해서 그들의 주위를 경호하고 있다는 점이다.

♣

길게 보면, 가말리엘이 인식했던 것처럼 보이듯이(사도행전 5:34 이하 - 역주), 사람과 혼란 사이에 개입하여 중재를 하는 것은 모든 법이 아니라 유익하고 이로운 법이다. 1964년에 제정된 공민권법은 사람과 혼란 사이에 개입하여 중재를 하였지만, 도주한 노예들에 대한 법은 어땠던가?

♣

　인종평등과 양성평등을 주장하는 사람들은 도덕적으로, 헌법적으로 "중도"(中道)임을 끊임없이 상기해야만 한다. 인종평등과 양성평등을 증진시키는 사람들을 향해서 "좌파"라고 규정하는 것은 정직하지 못한 것으로서, 이것은 주로 우파 정치인들, 곧 도덕적 중도를 공격함으로써 정치적 중도에 호소하는 우파 정치인들이 벌이는 짓이다.

♣

　페미니스트란 근본적으로 마조키스트(피학대성애자)가 되는 걸 거부하는 사람이다.

♣

　해방을 가장 필요로 하는 여성은 모든 남성 속의 여성이다.

♣

입학행정 담당자들은 대학의 명예를 위해 훨씬 더 의도적으로 사회적 약자들에게 입학허가서를 내주고 있다. 삶이란 언제나 자신들을 배반하는 도박게임처럼 여기며 살아가는 사회적 소수자들을 찾아내 그들에게 되도록 입학의 기회를 주어야 한다. 이러한 특별전형을 통하여 신입생을 뽑는 것은 모든 사람에게 유익한 일이다. 그건 우리들의 삶이란 서로에 대해서나 자기 자신에 대해서 잘못된 인식으로 가득 차 있기 때문이다. 대학은 우리들을 편견과 자기기만으로부터 구해내는 공동체가 되어야만 한다. 편견과 자기기만은 서로 연결되어 있다. 제임스 볼드윈은 "내가 당신이 생각하는 그런 사람이 아니라면, 당신 역시 당신 자신이 생각하는 그런 사람은 아닐 겁니다."라고 말한 적이 있다.

이 나라의 경제, 사회적 문제들이 오늘날 사회적 소수자들에게도 균등한 기회를 주고 있는 데에 그 큰 원인이 있다고 보는 시각이야말로 우리가 반드시 폐기시켜야만 하는 또 다른 허위다. 이런 신념은 그럴싸하지만 터무니없는 주장이다. 1980년대에 사라진 80만 농가는 흑인들이 잃은 것이 아니었고, 수천 개의 제조업 분야에서 사라진 일자리도 흑인들에게 해당되는 것은 아니었다. 사실상, 저임금과 고이윤을 추구하기 위해 80년대에 약 2백만 개의 일자리가 이 나라에서 사라졌다.

♣

속죄양은 사람들이 진짜 악의 실체와는 대면하지 않은 채, 허상의 악을 만들어 놓고선 집단으로 광적인 분노를 터뜨릴 때 만들어지곤 한다. 우리 백인들이 흑인들을 괴롭힐수록, 우리는 흔히 그들이 우리를 더욱 더 괴롭혔다고 주장하는 것처럼 보인다. 우리는 우리 자신만을 위하여 모든 것을 우리 손아귀에 넣고 있으려고 한다. 심지어는 상해를 당한 사람들까지 이용하면서 말이다.

♣

우리 남성들은 남성들의 삶이 여성들의 삶--우리가 사랑하고 있는 여성들의 삶조차 포함하여--보다는 어떤 식으로든 더 중요하다는 생각에서 언제 벗어날 수 있을까?

♣

승리자들이 "멋진 말을 멋지지 않게 발설하는" 일은 늘상 얼마나 쉬운 일인지! 이 나라의 부자와 권력자들이 민권을 위해서는 손가락도 까딱하지 않은 채, 큰소리로 "책임 있는 흑인 지도력"을 주장하는 꼴이란 완전히 웃기는 짓이다. 무엇에 대해 책임 있는 지도력이란 말인가? 백인들의 이익을 위한 책임인가, 아니면 흑인들의 필요를 위한 책임인가?

♣

　대학입학 사정에서 흑인들에게 가산점을 주는 적극적인 조치 (affirmative action)는 비록 실행하기에 참으로 복잡하고 까다로운 일이지만 꼭 필요한 것임에 틀림없다. 그것은 오랜 세월의 부정적인 조치들 때문에 생겨난 것이다. 적극적인 조치가 없었다면 미국의 흑인들이 대학에서 입학허가서를 받기 위한 첫걸음도 내딛지 못했을 것이다. "평등한 기회"란 단지 훌륭한 의도만을 드러낼 뿐이며, 적극적인 조치는 그 평등한 기회를 실제로 갖게 되는 열매를 낳고 있다.

♣

　출세한 사람들에게 지나치게 편향되어 있는 국가는 뒤쳐져 있는 사람들 때문에 골머리를 썩는다. 여러분이 성공한 사람이라면 실패한 사람에 대한 이해는 거의 할 수 없을 것이다. 인종차별을 철폐한 이후 훨씬 심화된 계층 간의 불균형이 그걸 입증하고 있다. 소위 저소득 계층은 천민 카스트가 가진 오명을 그대로 간직하고 있지 않은가. 장기적인 안목에서 볼 때, 계층문제는 인종문제보다 훨씬 깨트리기 어려운 견고한 껍질로 싸여 있다고 믿는다.

♣

　동성애자들을 향한 적대감은 애당초 성경에서 비롯된 게 아니다. 오히려 동성애자들에 대한 적대감이 일부 기독교인들을 부추겨 사도 바울의 몇 문장을 앵무새처럼 읊조리게 만들었고, 또 이미 다 폐기해버린 구약의 율법조항을 지금까지도 가슴에 껴안고 살게 만든 것이다. 노예제도를 철폐하고 여성들에게도 목사안수를 줌으로써 우리는 성경문자주의를 극복해냈다. 이제는 게이와 레즈비언들에게도 성경문자주의를 극복할 때다. 난관이 되는 건 동성애를 비난하는 성경 구절을 들이대면서 동성애자들과 어떻게 화해를 할 것인지에 있는 게 아니다. 동성애자들을 거부하고 단죄하는 것과 그리스도의 사랑을 어떻게 화해할 것인지에 더 큰 어려움이 있다. 그 둘 사이에는 화해가 이루어질 수 없다. 따라서 무엇이 "자연스러운가" 하는 말만 되풀이 할 게 아니라, 대신에 뭐가 "정상적인가," 그 정상의 기준이 무엇인지에 대해서 한번 생각해보자. 기독교인들에게 정상과 비정상의 기준점은 예수의 사랑이다. 사람들이 존귀한 예수의 사랑을 받들어 한결같은 부드러움으로 서로를 돌본다면, 그들의 성적인 취향이 도대체 무슨 문제가 되는가? 진정한 관계는 외양이 아닌 내면적 가치에 의해서 결정되는 게 아닌가? 서로의 삶을 북돋아주는 든든한 사랑을 도대체 언제부터 법적으로 혼인한 이성애자들이 독점했는가?

♣

　이 흔들림 없는 확신은 이미 충분하다. 우리가 확신하는 옳고 그름이 인간 가족을 끊임없이 더욱 갈라놓는다면, 옳다고 생각하는 우리의 확신에도 무엇인가 오류가 있는 게 확실하다. 동성애자들에 대한 법적 처벌은 이미 충분히 잔인하고 적대적이다. 베드로가 자신의 시야를 확대했듯이, 최소한 우리도 우리의 시야를 축소시키려 하지는 말자. 정신이 새로운 생각으로 일단 뻗쳐나가면, 결코 이전의 상태로 되돌아오지 않는다는 말이 있다. 듣고, 배우고, 기도하자. 그 중에 어느 것 하나 쉬운 건 없지만, 베드로가 죄를 자각하고 고백했듯이, 그 고백이 우리의 고백이 될 수 있을 때까지 듣고, 배우고, 기도하자. 즉 "진실로 편애는 하나님의 것이 아니다. 성적 취향과는 아무런 상관없이 그 누구라도 하나님을 두려워하며 옳은 일을 행하는 자는 하나님의 사람이다."

♣

　지금은 성경무오설에 대한 우리들의 어떤 확신도 그 자체가 비성경적임을 우리가 자각해야 할 때다. 사도행전(10장)에 나오는 베드로와 고넬료의 이야기를 읽어보자. 거기서 여러분은 성경은 성경에 오류가 없다는 사실을 지지하지 않는다는 점을 금새 깨닫게 될 거다. 더구나 그리스도교인들은 말씀이 육화(肉化)되었다는 진리를 믿고 있지, 말씀이 잔말을 낳았다는 사실을 믿고 있지 않다. 기독교란 믿음체계라기보다는 생활방식이다. 그 생활방식은 앎에 대한 절대적인 확실성에 대하여 다음과 같이 경계한다. "하나님의 부유하심은 어찌 그리 크십니까? 하나님의 지혜와 지식은 어찌 그리 깊고 깊으십니까? 그 어느 누가 하나님의 판단을 헤아려 알 수 있으며, 그 어느 누가 하나님의 길을 더듬어 찾아낼 수 있겠습니까? 누가 주의 마음을 알았습니까?"(로마서 11:33-34)

나는 우리들이 하나님의 뜻보다는 하나님의 가슴을 훨씬 더 많이 헤아릴 수 있다고 생각한다. 그리스도께서 십자가 위에서 온 천하가 다 보도록 드러낸 것은 바로 하나님의 가슴이었다. "하나님은 사랑입니다. 누구든지 사랑 안에 있으면 하나님 안에 있으며, 하나님도 그 안에 계십니다."라는 구절(요한일서 4:16)은 하나님의 계시가 관계 속에서 드러난다는 뜻이다. 그리고 우리가 하나님과 맺은 관계를 통해서 우리는 지적인 확신보다는 심리적인 확신을 얻게 된다. 신앙이란 증거 없이 믿는 것이 아니라, 유보하는 것 없이 신뢰하는 것이다. 나는 앎에 대한 절대적인 확실성에 바탕을 둔 믿음체계, 말하자면 교황무오설이나 성경무오설을 철저하게 믿는 종류의 믿음체계는 모두 교회의 스테인드 글래스 창문 밖으로 집어던져야 한다고 믿고 있다. 그런 믿음체계는 교회 안에 더 이상 발붙일 곳이 없기 때문이다. 그렇게 믿는 사람들은 기독교인들더러 더 편협해짐으로써 정신을 날카롭게 만들라고 설득한다. 그런 사람들은 교조적이고 독선적이며 생각 없이 호전적인 기독교인들을 양산해 낸다. 그런 절대적 확신에 찬 믿음체계에서부터 종교재판, 십자군전쟁, 마녀사냥, 병적인 죄의식, 무조건적인 순응, 자기의(自己義), 반유대주의, 여성혐오증, 동성애자 기피증과 같은 모든 반기독교적인 만행들이 생겨난 것이다.

♣

게이들이 이성애자들 사이의 혼인을 파괴하려고 위협을 하고 있다는 생각은 하나의 주장에 불과할 뿐, 논거를 갖춘 논증은 아니다. 혼인제도를 파괴하려는 누군가가 있다면 그 사람들은 아마도 기혼자들일 것이다. 게이들은 아니다.

♣

"같은 성끼리 혼인한 사람들은 날 불편하게 해요."라고 말하는 사람들은 편안함이 동성애 문제와는 아무 상관이 없다는 사실을 기억해야만 하며, 또한 변화란 늘상 불편하게 만드는 것이라는 사실도 기억해야만 한다. 나는 우리 같은 이성애자들이야말로 정말 가만히 앉아서, 우리들의 불편함과 동성애자들의 불편함, 곧 오랜 세월 배제된 채 소외되고 침묵당하며 심지어는 살해까지 당하며 학대받았던 불편함을 비교해 보아야 한다고 생각한다.

♣

남자로서 나는 고작해야 회복 중인 국수주의자라고 생각한다. 백인으로서 나는 회복 중인 인종차별주의자이며, 이성애자로서 나는 회복 중인 이성애자라고 생각한다. 여성들과 흑인들, 그리고 게이와 레즈비언들에게 나는 내 정신의 지평이 확대되고, 내 가슴이 깊은 것을 이해하도록 해 준 것에 대해 감사한다. 덧붙여서 그들은 편견으로 희생되는 사람들이 있음에도 불구하고 그 편견을 참아서는 아니 된다는 사실을 나에게 확신시켜 준 것에 대해서도 감사한다.

♣

1896년 플레시 대 퍼거슨의 재판에서 미 연방대법원은 흑인 아이들과 백인 아이들을 "분리시키지만 평등한"(separate but equal) 교육을 시키는 것이 헌법에 합치한다고 판결했다. 만일 혼인은 이성애자들에게만 허락되고 게이와 레즈비언들의 결합은 다른 이름으로 부른다면, 위와 똑같은 불평등이 사실인 것으로 판명되지 않겠는가? 더 나아가, 만일 우리 모두에게 혼인이 매우 중요한 상징이며, 일부 사람들에게는 신성한 것이라면, 이성애자들이 무슨 권리로 게이와 레스비언의 매우 뜻깊은 결합을 거부하는가?

♣

　1961년 4월 어느 늦은 밤, 나는 노스캐롤라이나 주의 한 부엌에 앉아서, 지금은 이름조차 기억나지 않는 학생으로부터, 그 학생이 어느 날 그린스보로에 있는 간이식당에서 겪었던 일을 들었다. "우리 다섯은 식당에 들어가서 빈 의자에 걸터앉았습니다. 그 순간 바로 카운터 뒤에 있던 남자가 슬그머니 나가더군요. 나는 거울을 통해서 바깥 보도 위로 사람들이 모여드는 걸 볼 수 있었지요. 그때 점심을 먹는 둥 마는 둥, 누군가 남아서 돈을 내는 사람도 없는 눈친데 돈도 내지 않고, 한 패의 무리들이 떼 지어 나가기 시작하더군요. 그런데 나는 그때 다행히도 거울로 경찰이 온 걸 볼 수 있었답니다. 식당에 있던 사람들이 계획적으로 밖으로 나가자 바로 경찰이 나타난 것입니다. 그게 신호였던 거죠. 밖에 있던 사람들이 식당 안으로 몰려들어왔습니다. 그들은 분노에 차서 살기가 등등했었지요. 한 녀석이 내 눈에다 담배 연기를 훅훅 불어대고 있는 동안에 다른 한 놈은 내 한 쪽 귀에다 소리소리 욕지거리를 해댔습니다. 나는 카운터를 꽉 잡고 있었어요. 그때 담배를 들고 있었던 한 녀석이 내 손등 위에다 담뱃불을 지져서 꺼버리더군요. 나는 정말 기절하는 줄 알았어요. 그 다음 순간 어느 놈이 내 등 한복판을 무릎으로 까고, 내 목은 팔로 죄고 있다는 걸 느낄 수 있지요. 누군지 내 머리털을 세게 잡아당기고 있었습니다. 곧 나는 마루 위에 떨어져 마치 공 안에 쪼그리고 들어가 앉듯이 온몸을 오므린 채 있었지요. 그 놈들은 정말로 나를 공처럼 차댔습니다. 우리가 실제로 의식불명이 되자 경찰이 다시 나타나서는 마루 위에 널브러진 우리 다섯을 모두 치안방해 죄로 체포했습니다. 구치소에서는 단지 본때를 보여주기 위해 더욱 심하게 다루더군요. 그러나 절정은 그 다음에 있습니다. 제가 구치소에서 나와 집에 전화를 걸자, 어머니는 이렇게 말씀하셨습니다. "착한 니그로들은 감옥에 가는 법이 없단다."

그 학생의 이름은 기억이 나진 않지만 그는 내게 그 다음 달에 프리덤 라이드(freedom ride, 인종차별 철폐를 위한 남부지방에의 버스, 기차 여행 – 역주)를 쉽게 할 수 있게 해주었다.

♣

마틴 루터 킹 목사님이야말로 그를 기념하는 날을 국경일로 정해서 추앙받아 마땅한 인물이다. 그분이야말로 미국인들을 그 천박하고 비참한 삶에서 끌어올려 구해내신 분이기 때문이다. 그분이 국경일을 통해서 기념되어야 하는 이유는 여전히 많이 있다. 그분은 20세기의 어느 누구보다 공동체를 가능한 한 넓게 확장하기 위해 혼신을 다 하셨고, 사랑의 본질에는 불의에 맞서 싸운다는 뜻 역시 포함되었다는 걸 가장 잘 이해하셨던 분이기 때문이다. 킹 목사님은 가난한 자들의 수난에 우리가 함께 고통을 느끼는 것만으로는 충분치 않으며, 그 가난을 야기하는 사람들과 제도에 대해 우리가 맞서 싸워야 한다고 강조했다. 포로들을 해방시킬 열쇠를 손아귀에 쥐고 있는 권력자들과 우리가 맞서서 싸우지 않고서야 어떻게 갇혀 있는 포로들을 우리가 해방시킬 수 있겠느냐는 메시지가 바로 킹 목사님의 메시지다. 투쟁이 없는 사랑은 값싼 감상에서 나온 결실 없는 동정에 불과하다.

이와 같이 킹 목사님은 도전과 자유 사이의 커다란 차이를 인식했다. 그러나 그분에게 투쟁의 의미는 반대자들을 파멸시키거나 그들에게 인격적인 모독을 가하는 걸 의미하진 않았다. 정복당한 사람들에게 굴욕감을 주지 않은 채 정복을 하는 것이 그분에게는 비폭력이었다. 그분에게 비폭력의 진정한 의미는 우리 자신의 미미한 힘을 드러내는 데 있지 않고 하나님의 영원하신 사랑을 온 세상에 드러내려는 데 있었다. "오 주님, 우리가 아니라, 당신의 이름이 영광을 받으소서." 모든 사람들이 그들이 처한 현재의 조건을 초월하여 함께 높이 솟아오를 기회를 만들어 가는 일 그것이 진정한 비폭력의 의미였다.

킹 목사님이 자신의 설교단에서 몽고메리 거리로 나오기까지 실제 거리야 지척에 불과했지만, 그 영적인 거리는 긴 여정이었다. 하지만 그분은 그 긴 여행을 "나사렛에서 갈릴리로 오셔서 세례 요한에게 요단강에서 세례를 받으신 그 옛날의" 그분의 이름으로 밟았다.

♣

"우리는 모든 사람이 평등하게 창조되었으며, 양도할 수 없는 권리를 창조주로부터 부여받았다는 것을 자명한 진리로 믿는다."

지난 2백 년 동안 미국의 위대한 사회적 투쟁은 헌법이 독립선언과 좀더 일치하도록 만드는 것을 목표로 삼았다는 것이 나의 주장이다. 미국 헌법에 부가된 처음 10개의 수정조항인 권리장전을 포함해서 지금 헌법은 26개의 수정조항을 갖고 있다. 그 열한 번째 조항은 1795년에 통과된 것으로서 연방재판소의 관할구역에 관한 것이며, 두 개는 금주법과 그 폐지에 관한 것이며, 또 다른 세 개는 대통령의 선출, 제한, 승계에 관한 것이다. 그밖에 20개는 각기 노예들에게 자유를 허락하는 것, 여성들에게 투표권을 허락하는 것, 인두세의 불법화, 소득세의 법제화, 선거 연령의 하향 조정, 워싱턴 디시 주민들에게 대통령 선거 투표권을 주는 것 등 모두 민주주의를 확장하는 명령이다.

현재 우리를 고통스럽게 만드는 것을 치유하는 매우 중요한 한 방법은 우리의 민주주의를 더욱 확장시키는 데 있다고 나는 믿는다. 우리는 여성의 권리가 남성의 권리와 정말로 동등하게 될 때까지 여권을 신장할 필요가 있다. 또한 게이들의 권리, 이주민들의 권리, 어린이들의 권리, 감옥에 있는 백만 명 이상의 시민들의 권리를 확장시킬 필요가 있다. 우리는 하버드대학교와 프린스턴 대학교 전직 총장들이 최근 밝힌 것처럼, 흑인들에게 대학 입학에 가산점을 주는 적극적 조치가 모두에게 유익한 것임을 인정할 필요가 있다. 또한 엄청난 부와 권력이 소수의 자기충족적인 기업 지배자들 손에 들어 있으며, 그들이 스스로에게는 더욱 많이 지불하고 노동자들에게는 그 어느 산업화된 민주체제에서보다도 적게 지불하고 있음을 고려할 때, 우리의 시장경제를 민주화할 필요가 있다. 1939년 내가 고등학생 때 프랭클린 루즈벨트 대통령이 말한 것을 기억하는데, 그는 "진보란 이미 엄청나게 많은 것을 장악한 사람들에게 얼마나 덧붙여 주는가로 측정되는 것이 아니라, 가진 것이 거의 없는 사람들에게 우리가 얼마나 덧붙여 주는가로 측정된다"고 말했다.

사회 정의와 경제적 권리

주님께서 너에게 요구하시는 것이
오로지 공의를 실천하며,
인자를 사랑하며,
겸손히 네 하나님과 함께 행하는 것이 아니냐!
- 미가 6:8

주님께서 백성의 장로들과
백성의 지도자들을 세워놓고
재판을 시작하신다.
"나의 포도원을 망쳐 놓은 자들이 바로 너희다.
가난한 사람들을 약탈해서, 너희 집을 가득 채웠다.
어찌하여 너희는 나의 백성을 짓밟으며,
어찌하여 너희는 가난한 사람들의 얼굴을
마치 맷돌질하듯 짓뭉갰느냐?"
만군의 하나님이신 주님의 말씀이다.
- 이사야 3:14

우리가 하나님을 만났던 그 곳으로부터
우리의 발이 벗어나지 않도록,
우리의 가슴이 이 세상의 포도주에 취해
당신을 잊어버리지 않도록,
당신의 손 아래 그늘진 곳에
우리가 영원히 서 있도록,
우리의 하나님께 진실하고,
우리의 고향에 진실하게 하소서.
- 제임스 웰던 존슨

우리는 민주주의를 가질 수 있거나,
아니면 엄청난 부가 소수의 손에 집중되거나,
둘 중의 하나를 가질 수 있다.
그 둘 모두를 함께 가질 수는 없다.
- 재판관 루이 브랜다이스

나는 기독교 정신을 진보적인 사고와 행동을 뒷받침하는 하나의 세계관이라고 믿는다. 나는 교회가 사회 윤리를 갖고 있다기보다는 교회가 사회 윤리라고 믿는다.

♣

개인의 덕성이 자동적으로 공공의 선으로 이어지진 않는다. 한 개인의 도덕적인 성품이 아무리 진정한 것이라 할지라도 정의의 목적을 달성하는 데는 충분치 못하다. 이러한 정의의 목적들로는 기성체제에 도전하며, 합법적인 것을 더욱 도덕적인 것으로 만들려 하고, 권력 앞에 진실을 말하고, 죄악에 대해 개인적이거나 조직적인 행동을 취하는 것들을 포함한다.

♣

어느 편도 들지 않는 것은 사실상 강자 편을 들어 주는 것이다.

♣

우리는 범죄에 대하여 단호하다고 말하곤 한다. 그러나 우리는 범죄자들에게만 단호하다. 우리가 범죄에 정말 단호하다면, 범죄의 예방이나 (교도소가 아닌) 지역사회를 건설하는 데 돈을 들여야 한다. 우리는 범죄가 법적인 문제뿐만이 아니라 도덕적인 문제이기도 하다는 것을 종종 잊는다. 이들 문제에 대해 우리들 중의 일부가 죄가 있겠지만, 책임은 우리 모두에게 있다. 우리는, 급증하는 범죄율에 대해 책임이 있는 사람들을 그 책임에서 면제시켜 주기 위해, 그 죄인들만을 강조한다.

♣

미합중국의 교도소에 있는 사람들 중의 98%는 일생의 대부분을 가난 속에서 살았다. 이 나라 국민 중 150명 중의 1명은 투옥되어 있는데, 다른 어느 민주국가에서도 이와 비슷한 통계를 찾아보기가 어렵다.

♣

성경은 불의의 악영향을 완화시키는 일보다는 오히려 그 불의의 원인 자체를 제거하는 일에 보다 큰 관심을 가지고 있다.

♣

하나님을 아는 것은 정의를 행하는 것이다. 신앙의 이처럼 준엄한 도덕적 명령을 인식하는 것은, 정치와도 잘 어울릴 수 있는 훌륭한 종교임을 나타낸다.

♣

우리가 소유하는 것보다 존재하는 데 더 집중한다면 우리의 삶은 더욱 행복할 것이다. 아울러 우리가 존재하는 데에 집중한다면 다른 사람의 존재로부터 무엇을 빼앗지도 않는다. 오히려 그들의 존재를 드높여준다. 그러나 우리가 소유에 집중할 때에는 갖지 못한 사람들을 만들게 되고, 그리고 늘 이런 연관관계에 대해 거짓말을 하게 된다.

♣

고통받는 사람들과 함께 아파하면서 다가가지 않고 초월에 이를 수 있다고 믿는 것은 우리 자신을 속이는 짓이다. 사회적 태도의 변화 없이는 개인의 진정한 종교적 변화가 일어날 수 없다.

♣

함께 아파하는 것과 정의는 같이 가는 것이지, 그 둘 가운데 어느 하나를 선택할 수 있는 것이 아니다.

♣

이 나라의 상당수 사람들이 일요일에는 가난하고 궁핍한자들을 위하여 기도하지만, 주중에는 정부가 그런 사람들을 위해 무언가 하고 있는 것에 대해 불평하고 있다는 것은 어이없는 일이다.

♣

"우리에게 아기 예수가 태어나셨다." 아브라함이 세상 속으로 들어갈 때 겪었던 것과 똑같은 위험을 하나님은 이 세상 속으로 들어오시면서 감수했다. 예수의 강림에 대해 우리는 무엇을 말할 수 있을까? 위험을 위한 위험, 우리를 위한 탄생, 하나님을 위한 재탄생인가? 이제 명백히 생각해보자. 강림의 요점은 젊은 상태로 머물기 위한 것이 아니라 자라나기 위한 것이다. 강림의 요점은 아브라함이 그랬던 것처럼, 하나님이 부여한 그의 자유를 주장하는 것이다. 이 자유는 결국 오늘날처럼 팽배한 기회주의의 도덕적 야비함을 넘어서는 것이다. 또한 황제에게 모든 것을 더 이상 넘겨주지 않는 자유, 악마에게 수동적으로 묵종(默從)하지 않는 자유다(이런 묵종은 사적인 생활에서는 "인내"라는 말로, 공적인 생활에서는 "애국심"이라는 말로 치장된다). 그러나 악마에게 묵종하는 것은 한 마디로 비겁함의 죄를 뜻한다.

♣

"권력은 부패하기 마련이며 절대권력은 절대적으로 부패한다" (액톤 卿). 그것은 사실이다. 그러나 권력에 대해 (감시하고 비판하는 - 역주) 책임을 지지 않는 것 역시 결과적으로 부패를 초래한다. 왜냐하면 악이란 것이 몇몇 타락한 사람들이 만든 결과라기보다는 다수의 무관심이나 게으름이 일으키는 결과이기 때문이다.

♣

영적인 교만과 파괴시키고픈 욕망은 동행한다. 역사가 경고하는 것은 최선이 항상 최악과 머리카락 한 올 차이며, 권력의 주변에 있는 냉정한 도덕주의자가 잔혹한 심문을 시작하는 자들이라는 사실이다.

♣

진실이 너무 늦게 발견되면 지옥이 될 수 있다.

예수님은 빵이 중요치 않다고 이야기 한 적은 없었으며--"오늘 우리에게 일용할 양식을 주시옵고,"--사실 그는 가난한 사람들을 먹이기 위해 최선을 다하였다. 예수님은 성모 마리아와 함께, "하나님은 배고픈 자들에게 좋은 것을 주었고 부자들은 빈털터리로 만들어 보냈다"고 믿었다. 만일 우리의 정부가 어떻게 부자들에게 좋은 것을 주고 가난한 사람들을 빈털터리로 만들어 보내는지를 하나님이 아신다면 얼마나 분노하실까? 가난한 사람들에게 빵 부스러기라도 떨어지게 하려면 부자들의 접시에 더 많은 것을 쌓아야 한다는 경제이론에 대해 하나님은 어떻게 경멸하실까? 과거의 어느 정부도 상류층의 등에서 그렇게 빨리 내려와서 가난한 사람들의 등 위에서 춤을 춘 정부는 없었다. 최근 역사상 이렇게 노골적인 금권정치를 본 적이 없다. 부자의, 부자에 의한, 부자를 위한 정부 말이다.

♣

부자들이 가난한 자들에게서 무엇을 빼앗으면 그것은 경제계획이라고 부른다. 가난한 자들이 부자들에게서 무엇을 빼앗으면 그것은 계급투쟁이라고 부른다. 부시 대통령이 그가 속한 계급이 이기도록 하면서 한편으로 계급투쟁을 개탄할 수 있다는 것은 얼마나 편리한 일인가.

♣

　기독교인뿐 아니라 모든 미국인들은 "만인이 평등하게 창조되었다"는 사상에 동조한다. 그러나 얼마나 많은 사람들이 불평등의 야만성을 느끼는가? 나는 인종적 불평등뿐만이 아니라, 오늘날 부와 가난함이 얼마나 팽배해 있고 살만한 집이 얼마나 모자라는지에 대해 생각한다. 1940년대에 "보수주의자" 로버트 태프트 상원의원은 주택은 도덕적인 명령이라고 간주했다. (1948년 태프트 주택법의 목표는 모든 미국인 가족들에게 살만한 주택을 제공하는 것이었다.) 오늘날 우리의 경제가, 필수품을 제공하는 것에 의해서가 아니라 사치품을 제공하는 것에 의해서 번영하는 것에 대해 아무도 개의치 않는다. 또한 국가적 목표가 보다 공정하게 가난을 종식시키는 데 있음에도 불구하고, 복지를 종식시키려는 그들의 의도에도 모두 무관심하다. 우리 기독교인들은 선의를 가지고 있다. 그 선의란 얼마나 약한가. 즉 우리는 유물론에 혐오감을 느낄지도 모르지만 그것에 사로잡혀 있다. 또한 우리는 빈곤이 널리 퍼져 있다는 사실에 괴로워하지만 재물을 지나치게 떠받든다. 요컨대, 우리의 존재는 대체로 겉으로만 종교적일 따름이다.

♣

　"노숙자"(homeless)라는 말은 통렬한 것으로서, 안식이나 우정,

사회 정의와 경제적 권리　*89*

위엄이나 우아함, 고귀한 정체성이 없다는 것을 뜻한다. 살 곳이 없다는 말은 존재할 공간이 없다는 말이다. 집이 없음은 있을 곳이 없음을 나타낸다. 당신이 세계의 1400만 명의 망명자 중의 하나이건, 인도차이나로부터 온 보트피플이건 캘커타에 사는 굶주린 40만 명의 거리 노숙자 중의 하나이건, 뉴욕 길거리 한쪽에서 신문지로 몸을 가리고 있는 36,000명 중의 하나이건 간에 말이다.

♣

"가난한 자들을 억압하는 자는 하나님을 모독하는 것이다"(시편 14:31). 그러나 진정한 의문은 가난한 자들을 돕는 방법이다. 즉 자선에 의해, 혹은 정의 구현에 의해, 자발적인 기증에 의해서 혹은 법률에 의해서 도울 것인가? 사도행전에는 첫 번째 기독교공동체에 대해 다음과 같이 기술하고 있다. "그들 사이에는 곤궁한 사람들이 없었다. 이는 땅과 집의 소유자들이 그것들을 팔아 필요한 사람들에게 분배하였기 때문이다"(2:44-45). 그것은 모두 자발적이었다. 그러나 그 공동체들은 소규모였고, 성령으로 가득 찼으며, 정기적으로 사도들의 방문을 받고 있었으며, 그 구성원들은 가난하고 권력이 없는 사람들이었다. 우리가 그들을 교회의 모델로 삼아야 할까? 반드시 그래야 한다. 우리가 그들을 사회의 모델로 삼아야 할까? 아쉽지만, 아니다.

인간의 본성은 죄로 가득 차 있으므로 몇 사람의 선행이 다수의 무심함을 보충하지는 못할 것이다. 부유한 사람들과 부유한 나라들이 자발적으로 눈을 떠서, 자신들의 잉여물에 대한 권리가 가난한 사람들에게 있다는 성경적 진리를 보게 될 가능성은 적다. 그들이 이것을 보게 되는 것은 자신들의 잉여물들을 뺏긴 후에나 (희망컨대 폭력에 의하지 않고 법적으로) 가능할 것이다. 인간의 선한 본성을 인정할 때 자발적인 기부(寄附)가 가능하지만, 인간의 죄성을 고려할 때는 법의 제정이 불가피하다. 자선이라는 것이 좋은 것이기는 하지만 정의를 대체할 수는 없다. 우리가 이 나라에서 항상 잊어버리는 것은 사람들의 기본권이다. 즉 먹을 수 있는 권리, 적당한 주택에서 살 수 있는 권리, 의료보호를 받을 권리, 교육을 받을 권리 말이다. 무료급식소나 시내 곳곳의 노숙자 쉼터들은 이 세상에서 가장 부유한 나라가 시민들 중 가장 가난한 사람들의 기본적 인권을 어떻게 부정하고 있는지를 가슴 아프게 상기시켜 주는 것들이다.

♣

우리가 도덕을 법제화할 수는 없으나 도덕으로 통하는 조건을 법제화할 수는 있다. 마틴 루터 킹 목사는 "당신은 그들이 우리를 사랑하게 만들 수는 없으나, 그들이 우리에게 린치를 가하는 것을 막을 수는 있다"고 말하곤 했다. 마찬가지로 우리는 사람들에게 가난한 사람들을 사랑하라고 강요할 수는 없으나, 그들--전 세계적으로 5억 명에 이르는--이 굶어 죽는 것을 막을 수는 있어야 한다. 우리는 안식일이 인간에게 속하는 것처럼, 경제가 인간에게 속하고 있지, 인간이 경제에 속하고 있지 않다는 것을 볼 수 있어야 한다. 경제는 과학이 아니고 그것을 가장한 정치학일 뿐이다. 우리가 이 풍요한 나라에서, 완전고용도 불가능하고 사회보장제도는 지나친 인플레를 유발하며, 부자들에게 세금을 부과하는 것이 "자본을 온전하게 유지시키는 충분한 대체물을 제공하지 못하게 한다"고 주장하는 경제학자들에 귀를 기울이고 있다는 사실이 가슴 아프게 한다. 이들 경제학사들은 다음과 같은 통계는 거의 언급하지 않는다. 즉 세계가 예수 그리스도의 탄생 이래로 가난한 사람들을 위해 매일 백만 달러를 소비했었더라면, 이것은 레이건 정부가 미국 군대에 5년 동안 소비하려는 돈(1.5조 달러)의 절반밖에 되지 않는다는 통계 말이다.

♣

물론 우리는 예수님이 그러셨듯이 가난한 사람들을 먹여야 한다. "사람은 빵만으로는 살 수 없다"는 구절에서 중요한 말은 "빵"이 아니라 "만"이다. 인권이 복음의 전부인 것은 아니지만, 인권은 복음의 중심에 있는 것이지 그것에 부수적인 것이 아니다.

♣

성경은 분명히 말하고 있다. 우리의 경제 체제가 무엇일지라도, 우리들의 적(敵)은 과잉에 있지 소유에 있지 않다. 투쟁의 외침은 "충분하다!"이지 "아무것도 없다!"가 아니다. 우리가 가진 것이 "충분하다!"이기 때문에, 우리 모두가 빵을 나누어서 모든 사람의 기도, 곧 "오늘 우리에게 일용할 양식을 주십시오."라는 기도가 응답될 수 있다.

♣

부유하게 되는 데에는 두 가지 방법이 있다. 하나는 많은 돈을 갖는 것이고 다른 하나는 욕구를 갖지 않는 것이다. 어느 개인, 기관, 혹은 국가보다 더욱 역사를 변화시켰던 예수가 죽었을 때 그의 유일한 소유물은 옷 한 벌이었다는 것을 기억해야 할 것이다.

♣

도대체 어떻게 해서 우리는 위대한 "성모 마리아의 찬가"와는 반대로, 부자들에게는 좋은 것을 주고 가난한 사람들은 빈손으로 돌려보내게 되었는가? 부자들의 변덕을 가난한 사람들의 인권보다 우선으로 여기는 성구는 어디에도 없다. 어떻게 기독교인들은 매주일 "우리의 죄(빚)를 용서(탕감)하여 주시옵고"라고 기도하면서도, 제3 세계 국가들, 곧 그 국가들 가운데 일부는 그 국민들의 기본적 욕구를 만족시켜 주는 일보다 외채를 갚는 데 세 배에서 다섯 배에 이르는 돈을 지불하는 나라들에게 무관심할 수 있는가?

♣

지독한 가난은 엄청난 부가 만든 죄라는 데에 그 비극이 있다.

♣

"가난한 자에게 친절한 자는 하나님에게 빌려드리는 것이다." 이 얼마나 멋진 생각인가! 우리가 남는 것을 자발적으로 주고 정의를 위하여 싸운다면, 우리는 가난한 자를 돕는 것이고 나아가 천지의 창조자를 돕는 것이요, 하나님에게 빚을 내어드리는 것이다. 그 빚에 대하여 무엇을 되돌려 받게 될 지는 당신의 경험과 상상에 맡기겠다. 왜냐하면 "하나님께서 그를 사랑한 자들을 위하여 준비해 놓으신 것을 아무도 보지 못 했으며, 듣지 못 했고, 느끼지 못했기 때문이다."

♣

성경에선 분명히 "부름 받은" 모든 사람들은, 모세와 같이, 가난한 사람들의 슬픔과 외침을 통해 부름 받았다. 모든 예언자들은 억압받는 사람들의 외침에 응답했다. 우리가 선한 사마리아인이 되라는 권유를 받아들일 때 무엇을 받게 될 것인지 생각해 보라. 우리는 우리의 존재를 분명케 하는 정체성을 받게 될 것이고, 우리의 생명을 받게 될 것이다. 또한 "우리 형제자매를 사랑했기 때문에 죽음에서 생명의 빛 속으로 걸어 나오게 된다." 그렇다. 성 프란시스가 말했던 것처럼, "우리는 주는 것을 통해서 받는다."

♣

믿는 사람들은 우리의 가치가 전통 안에서 구현되지만, 우리의 희망은 언제나 변화 속에 자리잡고 있다는 걸 안다.

♣

돈을 복잡다단하고 심지어 악마의 것처럼 만드는 것은, 돈을 비경제적으로 사용하는 데 있다. 돈이 사람을 헌신하게 만들 수 있는 하나님의 경쟁자임을 알게 되었을 때, 예수님은 돈의 악마적인 면을 보셨다. "너희는 하나님과 돈을 같이 섬길 수 없다." 지식, 가족의 고결함, 명성, 재능 등 그 어느 것이 아니라, 오직 돈만이 신과 같은 수준으로 떠받들어진다는 것에 주목하라. 돈만이 신적인 지위에까지 오른다. 예수께서 하나님의 나라 이외에 그 어느 주제보다도 돈에 대해 더 많이 이야기하셨다는 것은 놀라운 일이 아니다.

♣

우리들은 오늘날, 하나님의 길을 따라 행진하고 있는 것이 아니라, 우리 자신이 만든 길 위에서 비틀거리고 있으며, 공공의 복리보다는 우리 자신의 이익만을 생각하고 있다. 오늘날 세금감면이 사회적 지출보다 인기가 있는데, 심지어 가장 빈곤한 사람들을 위한 사회적 지출보다도 인기가 있다. 우리는 자유를 미덕이 아니라고 잔인하게도 제쳐두었으므로--우리가 자유를 도덕적으로 열악하게 정의하였기 때문에--우리의 "강하고 위대한 연합"은 폭풍 속에서 멈추어 있다.

♣

영혼에 독(毒)이 되는 것은 돈 그 자체가 아니라, 돈에 대한 초조함이다.

♣

"부자가 되라!"는 말이 만연된 사회적 정신이 되면, 일반적인 성실함은 용기처럼 보인다. 르 카레(le Carré, 영국의 첩보소설가 David John Moore Cornwell의 필명- 역주)의 한 주인공의 말처럼, "네가 점잖은 사람으로 버젓하게 행동하기 위해서는 영웅처럼 생각해야 한다." 아이러니한 것은, 부자가 되려고 몸부림치면서 그것이 자신을 성취하는 길이라고 생각하는 젊은이들은 사실상 자신의 가능성을 제한하고 있다는 점이다.

♣

권력의 속성은 권력자들에게 "진실"이 무엇인지 정의(定義)할 수 있는 권한과, 또한 권력자들이 내린 그 정의를 사람들이 믿게 하는 힘을 부여한다는 데 있다. 사유재산이 거의 신성한 것으로 간주되게 된 데에는 이런 속성이 작용한 것이다. 이렇게 정착된 관념은 조세를 통해서도 사유재산이 재분배되기 어렵게 만든다.

♣

"교수들과 학생들이 그들이 하고 싶은 대로 생각하고 말할 수 있는 자유"에 대해 나는 일체의 부정 없이 찬성할 뿐이다. 하지만 이 자유가 너무 광범위하게 강조됨으로 인해 누군가에게 선행을 베풀어야 한다는 의무가 무시된다. 이것은 어떤 국가든 국가 교육이 그 국가의 이데올로기를 반영하기 때문에 생기는 불가피한 결과다. "부자가 되라!"는 말이 보편적 강령이 된 사회에서 인문학은 경제학이라는 케이크에 얇게 덧씌워진 문화적 당의(糖衣)와도 같은 것이다.

♣

우리가 부자들을 위해서는 세금을 줄이면서 동시에 가난한 사람들을 위한 사회 프로그램도 함께 줄이는 현재의 방식을 지속하다 보면, 우리는 욕심 많은 자들은 "궁핍한 자들"로, 정말 궁핍한 자들은 욕심 많은 자들로 생각하게 될 것이다.

♣

이 세상에서 발생되는 심각한 문제들은 결코 가난한 사람들에게서 비롯되지 않는다. 교육이 그들에게는 해결책이다. 이 세상의 심각한 문제들은 오히려 잘 교육받은 사람들이 일으킨다. 이들에게는 자신들의 사욕(私慾)만이 가장 중요하다.

♣

그리스도께서 개개인의 치유자 역할만을 하는 것은 아니다. 그분은 각 국가들에게도 예언자이시다. 살아 계신 동안, 예수님은 사람들을 중풍, 정신이상, 나병, 곪은 상처와 기형, 벙어리 등에서 구해냈다. 하지만 그분은 계속해서 가난한 사람들의 현장으로 되돌아갔다. 예수님은 진정한 예언자적 입장에서, 가난한 사람들의 곤경은 어떤 역사적 사고(事故)가 아니라 사회적 불의의 산물이라고 생각하셨다. 1300만 명의 피난민이 떠돌고, 의사에게 입을 벌리고 "아"라고 말할 기력조차 없는 아이가 절반에 도달하며, 거의 모든 나라들이 군대를 키우기 위해 가난한 사람들을 약탈하는, 우리의 이 앞이 안 보이는 불의한 시대에 예수님은 무엇이라 말하고 행동하실까? 그가 과연 이런 나라더러 욕심 많은 불명예 국가라고 선언하시지 않겠는가? 도시민들은 우리가 버린 쓰레기와 우리가 필수라고 여기는 사치품 위에서 살 수 있다. 승리와 실망, 아름다움과 추함을 함께 가진 세계가 우리 옆에 존재하고 있다. 영적인 귀가 어두워서 우리는 도시의 왁자지껄한 소음 속에서 하나님의 목소리를 듣지 못한다. 외고집으로 눈이 어두워져서 우리는 고난 받는 사람들의 모습 속에서 부활하신 주님의 얼굴을 뵙지 못한다. 주님은 모든 인류가 온전하게 살아 있을 때 영광을 받으실 텐데, 온전히 살아 있다는 것은 최소한 제대로 먹고, 입고, 잘 수 있다는 것을 뜻하는 것이 아닌가.

♣

정말 우리 자신을 속이지 말자. 반란은 반란을 조장하는 환경이 아니면 일어나지 않는다. 가난하고, 연로하거나 연소한, 병들고 장애가 있는 국민을 보살핀 나라에서 공산주의 운동이 일어난 적은 한 번도 없다.

♣

이사야는 액턴 경(卿)이 주목하지 못한 점 하나를 발견하였는데, 그것은 권력 혹은 절대 권력뿐 아니라 무능함 또한 타락한다는 점이다. 무능함은 황량하고 자기비하에 빠진, 희망이 거세된 삶을 초래하기 마련이다.

♣

교회들에게 내가 바라는 오직 한 가지 소원이 있다면, 그것은 그들이 자선(charity)과 정의(justice)의 차이점을 깨닫는 것이다. 자선은 개인적인 기부의 차원에서, 정의는 공공 정책의 차원에서 이뤄지는 것이다. 자선은 불의의 영향을 감소시키려는 것이지만, 정의는 불의의 원인 자체를 제거하려는 것이다. 자선은 사회의 현상유지에 어떤 변화도 미치지 않는 반면에, 정의는 불가피한 정치적 대결을 초래한다. 나는 특히 기독교인들이, 착한 사마리아인의 이야기를 통해 그를 자비롭게 행동하도록 한 그 '연민'이 성경의 예언자들로 하여금 불의에 대결하고, 권력에 저항하여 진실을 말하도록 만들었다는 것을 알았으면 좋겠다. 예언자 이상이었던 예수님도 분명히 이 점에서는 결코 덜하지 않았다.

♣

"주님께서 너에게 요구하시는 것이 오로지 공의를 실천하며…" "정의는 무엇이 누구에게 속하는지를 가려내어 그 몫을 되돌려 주는 것이다."(브루그만). 정의는 세계를 재해석하는 역할을 한다. 하나님께서 정의를 행하시는 것과 같이 정의를 행하는 것은, 모세가 파라오의 궁정에서 히브리 노예들의 자유에 대해 주장했듯이, 나단이 다윗 왕의 궁정에서 그가 히타이트인 우리아에게 행한 탐욕스러운 행위에 항의했듯이, 엘리야가 아합과 이사벨이 나봇의 땅을 빼앗기 위해 행한 일에 대해 벼락을 내렸듯이, 사회질서에 적극 개입하는 것을 뜻한다.

♣

"황제의 것은 황제에게 돌려주고, 하나님의 것은 하나님께 돌려드려라."는 예수의 말씀에 대해 코멘트를 부탁 받은 도로시 데이(1980년에 사망한 가톨릭 노동운동가 - 역주)는, 잠시 생각한 후 다음과 같이 말했다. "하나님께 속하는 모든 것을 하나님께 드리면, 황제에게 줄 것은 하나도 없다."

♣

　기독교가 특정한 사회적인 문제들에 구체적인 답변을 주지는 않지만, 이러한 문제들에 빛을 비추어 주며, 우리는 모두 최선을 다해 기독교적인 통찰력이 인생의 여러 길목을 비출 수 있도록 노력해야 한다.

♣

　기독교인들이 특히 기억해야 하는 것은 도덕적인 이유로 격분하는 것이 동기를 제공한다는 점에서는 의미를 갖지만, 문제해결의 답은 아니라는 점이다.

♣

　정직은 고통 없이 달성하기 어렵다. "진리가 너희를 자유케 하리라." 그러나 진리는 먼저 너를 비참하게 만들 것이다. 당신이 현 체제에서 덕을 보고 있는 사람이라면, 하나님이 현 체제에 반대하신다는 점을 받아들이기가 매우 어려울 것이다. 사실 대부분의 우리는 마음 깊은 곳에서는 진실로 이것을 믿지 않는다. 우리는 우리의 의도가 좋으므로 (아무도 아침에 일어나면서 "오늘은 누구를 괴롭힐까?" 하고 말하는 사람은 없다.) 우리는 우리 행동의 결과에 대해서는 책임을 질 필요가 없다는 생각으로 우리 자신을 위로하고 있다. 실제로 우리 중 많은 사람들은 불의의 원인과 대결할 필요가 없는 한도 내에서 불의에 대응하고자 한다. 그리고 자선에는 커다란 함정이 도사리고 있다. 궁핍한 사람에게 주는 기부물품은 진심에서 우러난 것들로서 불의에 대한 필요한 대응이지만, 반드시 불의의 원인과 직시하진 않는다. 이 때문에 레이건 대통령을 비롯한 경제 지도자들이 오늘날 자선을 장려하는 것이다. 불평등의 심화에 기반하여 번영하는 경제체제에서는 자선이 절대적으로 요구된다. 먼저 이런 지도자들은 자신들이 경제문제의 전문가임을 자처하면서 경제로부터 최대한 빼내는 역할을 수행한다. 그리고 나서 자선이 교회의 일인 것처럼 선전하고, 우리 성직자들에게는 입 다물고 경제나 축복해주라고 요구한다. 마치 우리가 한때 전투함을 축복했던 것처럼 말이다.

♣

예언자들은 "자선이 강물처럼 흐르게 하라"고 말하지 않았다. 받지는 않고 주기만 하는 것은 하향운동이기 때문이다. 예언자들은 "공의가 물처럼 흐르게 하고 정의가 마르지 않는 강처럼 흐르게 하여라"고 말했다. 따라서, 교황이 그의 멋들어진 설교로 부자들을 혹평만 하고 있는 것은 잘못된 것이다. 그는 해방신학자들의 인도를 받아 가난한 사람들에게 단결하라고 말해야 했다. 왜냐하면 그것이 하나님이 역사에 개입하는 방식이기 때문이다. 출애굽기는 해방이 일차적으로 억압받는 사람들 스스로의 수고로 이루어진다는 것을 보여준다.

♣

나는 오늘날 군중심리가 우리를 지배한다고 믿는데, 이런 이유로 우리는 사회적 연대감의 바탕을 상호관심이 아니라 묵인으로 일관해 왔다. 이처럼 상호관심이 아니라 묵인으로 사회적 연대감이 형성되거나 우리가 이런 생활방식을 허용하기 시작하면, 박해가 시작된다. 그리고 나면 "안전하게 해라," "배를 흔들지 말라"는 것이 모든 율법과 예언서들이 "매달린" 가장 중요한 계명이 되기 때문이다. 이는 진실 위에 위선의 가면을 씌우는 계명이며, 밤에 들리는 비명소리에 등을 돌리도록 만드는 계명이며, 악을 보지 않으려고 얼굴을 돌리게 하는 계명이기 때문이다. 또한 우리 자신의 전문분야가 아니라서 잘 모른다며, 자신의 전문분야 뒤에 숨게 만들어버림으로써 결국 우리가 저주하는 바로 그 악의 세력들에 동조하게 만드는 계명이기 때문이다. 이제 우리도 살인을 한다. 우리가 냉담하게 정치를 회피하는 것은 카인이 그 아우를 때려죽인 것보다 좀더 세련된 형태가 아니고 무엇인가?

♣

아마도 가장 중대한 질문은 "자선이 정의를 대체할 수 있는 것인가?" 하는 물음일 것이다. 나는 수많은 마르크스주의자들이 교회를 비난하면서, 교회는 수많은 희생자들을 만들어내는 불의한 구조에 이권을 갖고 있으면서, 그 불의한 구조로 인해 희생된 사람들에게 소위 선한 기독교인들이라는 작자들이 알량한 적선이나 몇 푼 베풀고 앉아 있다는 식의 비난을 들어왔다. 나는 그런 이야기를 듣고 전율하곤 했었는데, 역사적으로 보면 그것은 너무도 흔한 진실이었기 때문이다. 다른 말로 하자면, 신앙을 정치화하는 데 위험이 있다면(이것이 우리가 현재 당면한 위험이다), 신앙을 탈정치화하는 데에도 위험이 있다. 억압받는 시대에 신앙의 선택을 정치적 선택으로까지 실천하지 않으면, 당신은 빌라도처럼 손을 씻고 예수의 가시관을 다시 엮을 위험이 있다. 왜냐하면 "네가 나의 형제들 중 가장 작은 자들에게 한 것이 곧 나에게 한 것이다"라고 말씀하셨기 때문이다. 성경에는 노예제도에 대한 순전히 영적인 대답은 없다. 가난한 사람들의 고통과 폭군의 오만함에 대한 순전한 영적인 대답도 없다. 성경에는 자선이 정의를 대신할 수 없는 것은 예배가 아무리 아름답더라도 정의를 대신할 수 없는 것과 마찬가지라고 되어 있다. "시끄러운 너의 노랫소리를 나의 앞에서 집어치워라! 너의 거문고 소리도 듣지 않겠다. 너희는 다만 공의가 물처럼 흐르게 하고 정의가 마르지 않는 강처럼 흐르게 하여라."는 말씀이 바로 그것이다.

♣

어떻게 예수님의 세계관과 사람들의 기대치를 대조시킬 수 있을까? 그는 정치적인 메시아가 아닌 영적인 메시아라고 말해야 하는가? 하늘이 반대할 것이다! 그러나 그것이 오늘날 전 세계의 설교단에서 선포되는 종려주일의 "도피" 방법이다. 예수님이 이들 설교자들처럼 비정치적이었다면, 결코 못이 그의 손바닥을 뚫고 지나가지는 않았을 것이다. 예수님은 철저하게 예언자적 전통에 입각해서 가난한 사람들과 박해받는 사람들의 보호와 구원을 위하여 일어섰다. 이 세상의 재물을 그렇게 사용하면 이 세상이 기아와 가난과 재난으로부터 벗어나기 때문이다. 또한 예수님은 철저하게 예언자적 전통에 입각해서, 진짜 원흉들은 무식하고 잔인한 사람들이 아니라, 타락한 지식인들임을 꿰뚫어보았다. 오늘의 많은 설교자들과는 정반대로, 예수님은 "원수를 사랑하라"는 말이 "원수를 만들지 말라"는 의미가 아니라는 것을 알고 있었다.

♣

미국의 모든 초기 지도자들은 민주주의를 전제정치나 군주정치로부터 구별해낸 몽테스키외의 책을 읽었다. 전제정치나 군주정치 형태의 사회들의 지배원칙을 그는 다음과 같이 생각했다. 전제정치에서 지배원칙은 공포이고, 군주정치에서는 명예이며, 민주정치에서는 미덕이다. 자유란 실질적으로 미덕과 동의어였기 때문에 우리는 워싱턴, 제퍼슨, 아담스, 프랭클린, 해밀턴과 같은 정치가들을 배출했었다.

1776년에 300만 명이었던 미국인이 80배로 증가한 오늘날, 그런 지도자들을 더 이상 배출하지 못하고 있는데 그 이유는 자명하다. 플라톤이 "한 나라에서 영예롭게 생각되는 것은 그 나라에서 양성된다"고 말한 것처럼. 우리는 훌륭한 운동선수와 일반적으로 열등한 정치가들을 갖고 있는데 여기에는 모두 충분한 이유가 있다. 우리는 자유는 미덕이 아니라고 제쳐놓았고, 우리가 자유를 도덕적으로 열등하게 정의했기 때문에, 우리는 허먼 멜빌이 "민주주의의 암흑시대"라고 부르는 시대에 들어선 것이다. 이 시대에는 그가 예측한 것처럼 새 예루살렘이 바빌론으로 둔갑하고, 미국인들은 그가 "희망의 진보가 체포됨"이라고 불렀던 것을 겪는 것이다.

♣

어떤 주제가 더 정치적이기 때문에 덜 영적이라고 생각하고 싶고, 종교가 정치보다 우월하며 교회가 정치적 투쟁의 더러움을 묻히기에는 너무 성스러운 곳이라고 믿고 싶은 유혹이 있는 것이 사실이다. 그러나, 종교가 정치보다 우월하다고 믿는다면 당신은 실제로는 현 체제의 편에 서는 매우 정치적인 입장을 갖는 것이다. 만일 하나님이 기존체제의 편에 서 있다면, 교회는 예언자적인 역할을 수행할 수 없게 되고, 정부에 대해 일종의 응급실 역할로서나 자리잡게 될 것이다.

♣

예수님은 가장 소외된 집단에 대해 가장 깊은 관심을 가지셨다. 정치적으로 참여하는 영성은 가장 많이 빼앗기고 취약한 사람들의 곤경을 무시할 수 없고, 그 영성이 가상 억눌린 층의 몫을 향상시키기 위해 무엇을 하였나 하는 것이 정치적인 신실성의 시험대가 될 것이다. 나는 종교간의 상호존경에 대하여 믿고, 나아가 세계의 모든 위대한 종교들을 영적으로 윤리적으로 쇄신시키는 것이 오늘날 경제적 이익들에 맞서는 가장 큰 힘이 될 수 있을 것이라고 믿는다. 이러한 경제적 이익들은 이윤과 성장을 추구하는 과정에서 너무나도 잔인해서 정부마저도 시민들보다는 시장에 대해 책임을 지도록 만들고 있다.

♣

압제의 시대에는 개인적인 신앙이 우리를 정치적인 선택을 하도록 인도해야만 한다. 그렇지 않으면 기독교는 약자들로 하여금 숙명론에 빠져들게 하여, 더 나은 내세의 희망만을 바라보게 만든다. 또한, 부유한 자들에게는 냉소주의를 장려하여 그들이 교회를 다니고 자신들의 자녀를 세례 받게 하는 한은 가난한 사람들에게는 무슨 짓이든 저지를 수 있다고 느끼게 한다.

♣

교회와 국가의 분리는 건전한 정책이지만, 이는 단지 그 두 기관만의 분리를 말하는 것이다. 즉 이것은 기독교인이 정치에 참여하는 것을 막는 것은 아니다. 우리의 신앙은 우리의 개인적인 생활뿐만 아니라 사회적인 공동생활에도 영향을 미쳐야만 한다.

♣

정치적으로 적극적인 영성은 악과 싸우면서 잘못된 투쟁방식을 갖지 말아야 한다. 국가적인 독선과 대결할 때 개인적인 독선에 빠지지 말아야 한다. 또한 하나님의 피조물을 소중히 여겨야 한다. 가난한 사람들에게 봉사하고, 국가의 힘보다는 국민의 복리에 더욱 관심을 가져야 한다.

♣

진실은 조화보다 중요하다. 부정보다 무질서를 두려워하는 자

사회 정의와 경제적 권리 *109*

는 결국 부정과 무질서 그 두 가지 모두를 초래한다.

♣

　우리나라에 대한 나의 꿈은 민주적인 자유의 분위기 속에서 경제적 정의가 실현되는 것을 보는 것이다. 그러나 나는 부패가 어떻게 민주주의 속에서 작동하며 그 폐해가 어떻게 조금씩 퍼져나가서 한 사람씩 전염시키고 드디어는 전체 문화를 오염시키는지를 잘 알고 있다. 나는 지도자들이 국민을 속이는 것이 얼마나 고통스럽고 비열하도록 간단한 것인지를 보아왔다. 예를 들어, 외국인들은 때때로 많은 미국인들이, 가난한 미국인들까지도, 특권이 노력에 의해 얻어질 수 있다고 생각하는 것에 대해 놀라게 된다. 미국인들은 특권이 일종의 절도행위라는 것을 거의 알지 못한다.

♣

　나는 우리가 우리의 정치 지도자들에게 과도하게 기대하지 않기를 바란다. 그들의 윤리적인 양심은 정치적인 야심에 비해서 너무나 미약하기 때문에, 혼자서 양심을 지키는 튀는 행동을 하기보다는 오히려 그 무리에 끼기 위해 무슨 짓이든 할 것이다. 그들이 정치라는 것이 가능한 일을 가지고 만드는 기술이라고 생각하는 것은 그런대로 옳지만, 정치가 오늘 불가능하게 보이는 것을 내일

가능하게 만드는 기술이라는 것을 그들이 잊고 있다는 점에서 그들은 잘못되어 있다.

♣

해외에서 미친 전쟁을 벌이는 것이든 빈민촌의 학교에서 정신적인 인종학살을 벌이든, 모든 것이 이 나라의 법과 정책에 의해 집행되고 있다. 사람들의 양심을 괴롭히는 일들도 법과 국가정책에 의해 일어나고 있다. 물론 우리는 질서를 존중해야 한다. 물론 질서가 없으면 혼란이 오고 정의도 존재할 수 없다. 그러나 오늘날 기독교인들이 기억해야 하는 것은 하나님이 진실을 희생하면서 안정을 구하지는 않으셨고, 하나님이 현 기득권을 유지시키는 일에는 관심이 없으시다는 점이다. 이는 하나님이 역사의 종말을 원하지 않으시고, 정의와 자비 속에서 하나를 이루는 최종목표를 향해 역사를 끊임없이 움직여가기를 원하시기 때문이다.

따라서 기독교계에서 무엇보다도 먼저 해야 할 일은 양심과 사고력을 가진 사람들을, 모험적이고 상상력을 갖고 즐기고 슬퍼할 줄 아는 사람들로 키우는 것이다. 그리고 무엇보다도 그들이 용기를 가진 사람들이 되어, 어려운 시절이 오고 비겁한 자들이 도둑질을 할 때, 루터처럼 말할 수 있어야 한다. "나의 양심은 하나님의 말씀에 사로잡혀서 … 양심을 거스르는 일은 옳지도 않고 안전하지도 않다. 이제 나는 일어선다. 다른 일은 할 수 없다. 하나님,

굽어살피소서"라고.

♣

우리의 신앙은 우리의 두려움을 진압해야 하는 것이지, 결코 용기를 진압해서는 안 된다.

♣

약자가 선한 것은 아니다. 권력이 강자를 부패시키듯이, 권력의 결핍도 약자를 부패시킨다. 의심, 초조함, 냉담함 등 이런 약함의 정서들이 빈민촌에서의 생활을 고스란히 드러낸다. 그러나 진실은 책임감이다. 그것은 희생을 통해서만 쟁취된다. 따라서, 잃을 것이 많은 사회적 승리자들은 진실을 회피함으로써 얻을 것이 더 많다. 따라서 예수님은 "부자가 천국에 들어가는 일보다 낙타가 바늘구멍을 통과하는 것이 더 쉽다"고 말했다. 그래서 부자가 우리에게 맛의 표준을 주었다면, 무엇이 옳고 그름을 우리에게 알려준 것은 가난한 사람들이라고 자신 있게 말할 수 있다.

♣

불의를 조용히 눈감아 주는 진실이 있을 수 없듯이, 불의를 용서하는 도덕적 선 또한 존재할 수 없다. 도덕적 질서가 거룩한 아름다움의 전부는 아니지만, 도덕은 거룩함의 진수다. 웅대한 예언자의 통찰력으로 보면 전 세계는 도덕을 중심으로 하여 움직인다. 그 중심을 흩트리면 역사와 자연까지도 그 영향을 받게 된다.

♣

우리는 하나님을 흔히 움직일 수 없는 바위로 그리지만, 사실 쉬지 않고 움직이시는 분은 하나님뿐이다. 성경에 쓰여 있기를 "그는 졸지도 않으시고, 주무시지도 않는다." "보라, 내가 모든 것들을 새로 만들었다." 따라서 하나님의 숙적(宿敵)은 새로운 방향으로 움직이려 않으려는 자들이다. 당신이 어떤 선택을 하게 된다면, 때로 당신은 잘못을 범하기도 한다. 그러나 당신이 선택을 절대 하지 않는다면, 당신은 항상 잘못을 범하는 것이다.

♣

오늘날 미국인들이 고위층 인사들을 믿지 못하는 것은 무리가 아니다. 왜냐하면 최근 몇 년 동안 있었던 사건들은 권력의 오만함에 대해 우리가 알고자 했던 것보다 더 많은 것을 보여 주었기 때문이다. 그러나 우리는 힘없는 무지랭이들의 무력함이 어느 정도까지 권력자들을 오만하게 만드는지를 잊어버리는 경향이 있다. 하나님의 견지에서 보면, 자기말살은 자기도취만큼이나 악하다는 사실을 우리가 잊는 경향이 있다. 이 두 가지 모두 사람의 재능과 사람의 가치를 혼돈하는 치명적인 실수에서 비롯된다.

♣

역설적이게도, 지금 세계에서 가장 힘센 나라가 된 미국민들은 우리가 가장 약할 때 가졌던 만큼의 적극적인 영향력을 갖지 못하고 있다. 미국식 생활방식은 다른 나라 국민들이 자동적으로 선택하는 것이 아닌데, 흔히 미국식 생활방식이 그들의 생활방식에 득보다는 해가 되기 때문이다. 그리고 미국에서는 종종 자유라는 망치가 정의라는 정(釘)으로부터 분리되어 공공의 선이 권력자들의 선과 동일시되곤 한다.

♣

경제의 세계화가 "모든 배들을 부양시킨다"고들 하지만 오늘날, 세계화는 "모든 요트들을 부양시키는" 것임이 점점 명백해지고 있다. 이것은 새고 있는 구명뗏목 위의 사람들에게는 도움이 안 된다. 그러나 경제는 궁극적으로 세계화되고 말 것인데, 바라기는 가난한 사람들과 자연의 권리들이 무시되지 않았으면 한다.

♣

　우리의 정부가 국민을 위한 정부였다면, 우리는 세계에서 제일 가는 교육과 보편적인 건강보험, 준수한 방식의 선거모금운동, 그리고 청정 에너지원의 광범위한 활용 등을 가졌을 것이다.

♣

　영생(永生)이 묘지의 양쪽 편에 있다면, 미래만 동경하고 현재에 무관심한 것은 잘못이다. 신학자들이 "실현된 종말론"이라고 부르는 것에 의하면, 천국과 지옥은 현재 여기서 시작되며, 이것은 개인이나 국가의 경우도 마찬가지다. 따라서 성령은 항상 불고싶은 대로 불면서, 우리에게 국가의 군비를 축소해서 약자들에게 힘을 불어넣어 주라고 촉구하고 있다.

♣

　지상에서 예수는 그의 시대에 "높이 서 계셨다." 그러나 남들을 굽실거리게 만들지는 않았다. 그는 힘을 가졌으나 남들에게 능력을 주기 위해서만 그 힘을 행사했다. 그는 아무와도 경쟁하지 않았으며 모두를 사랑했고, 우리가 가장 덜 사랑스러울 때에도 십자가에서 우리를 위하여 죽을 만큼 사랑했다. 예수와 함께 걷는다면 우리는 무자비할 수 없고, 서두름 가운데 부주의해져서 "거리의 돈 버는 쟁탈전에 끼지" 않게 될 것이다. 무관심의 비늘이 우리의 눈에서 떨어져 나온다. 우리는 우리가 홀로 주님과 걷는 것이 아니라 세계의 모든 사람과 함께 걷는 것을 본다. 뒤떨어진 사람이 아니라 함께 걷는 사람으로서 말이다. 그리고 우리 모두 시온으로, 하나님의 산으로 행진한다. 그곳에서는 하나님이 모든 나라의 창검으로 보습을 만들게 하고 사람들에게 하나님만이 주실 수 있고 어느 나라도 뺏어갈 권리가 없는 평화를 돌려주실 것이다.

애국심

아름답도다, 필그림의 발이여,
단호하며 열정적인 발걸음으로
자유의 맥박을 따라 황무지를 통과하는구나.
아메리카여, 아메리카여,
하나님께서 그대의 모든 결함을 고쳐주리라,
그대의 영혼을 자기통제로 확립하며,
그대의 자유를 법으로 확립하라.
- 캐써린 리 베이츠

너는 네 미모를 자랑하다가 마음이 교만하여졌고,
네 영화를 자랑하다가 지혜가 흐려졌다.
- 에스겔 28:17, 교만한 두로에 대한 묘사

벤자민 프랭클린이 헌법 홀에서 나오자, 한 여인이 그를 알아보고는 그에게 다가가서, "당신은 어떤 정부를 구상하고 있습니까?"라고 물었더니, 그는 이렇게 대답했다. "공화국이지요, 부인. 만약에 당신들이 그것을 지킬 수만 있다면요."

♣

지역차별이 인종차별이나 종교차별처럼 악하다고 믿는 사람은 이 세상에 거의 없다. 하지만 지역차별주의는 악하다. 다른 민족을 희생시키는 민족주의는, 다른 인종을 희생시키는 인종차별주의만큼 사악하다. 진정한 애국자는 민족주의자가 아니다. 민족주의자는 부도덕한 애국자다.

♣

"자기의 조국을 사랑하는 일이 훌륭하긴 한데, 그 사랑은 왜 하필 국경에서 끝이 나야 하는 걸까요? (파블로 카잘스)

♣

모든 국가는 자국의 이익에 따라서 결정권을 행사한 뒤, 도덕이라는 명분으로 그 결정을 방어한다.

♣

국가의 의지에 복종하는 것을 넘어서 하나님의 뜻에 충성할 것을 맹세하는 "개인적 및 집단적 고백"의 지점이 도대체 어디인가? 왜냐하면 사람을 섬기기보다는 하나님을 섬겨야만 하는 사람들에게는 법에 복종하는 것이 불변의 의무가 아니기 때문이다. 우리는 이것을 뉘렘베르크 재판에서 독일인들에게 말했으며, 이제는 우리들 자신에게 반복해야만 한다.

♣

기독교인들은 무진장한 부와 권력을 예수에게 내밀어 보이며 그것으로 예수를 유혹하려 했던 자가 바로 사탄이었다는 것을 잊어버렸다. 또한 우리가 이처럼 강대국이 된 것에 대해 자랑스럽게 생각하도록 만드는 것 역시 바로 우리 모두의 내면에 도사리고 있는 사탄이다.

♣

민주주의는 시민들 스스로가 결정하는 미덕을 갖춘 가장 믿음직한 형태의 정부라고 말할 수 있지만, 나는 민주주의가 시민들이 스스로의 미덕을 실행할 기회를 보장해 준다고 말할 수가 없다. 그러므로 민주주의로부터 받은 선택의 자유는 미덕이라기보다는 진정한 자유를 실현하기 위한 필수적 요소로서, 그 선택들을 관용적이며 사랑하는 마음으로 지혜롭게 선택하는 능력이다. 우리의 의지가 편견에 의한, 편협하고 불관용적인 것을 선택한다면, 우리의 의지는 자유롭지 않은 것이다. 사랑이신 하나님의 뜻과 일치하여 그분의 뜻대로 행할 때에 비로소 우리의 의지가 자유롭다고 할 수 있다. "당신의 뜻이 땅에서 이루어지이다."

♣

미국의 독립혁명이 가장 성공적이며 가장 오래 지속되고 있는 혁명이라며 미국인들은 만족하고 있다. 그러나 미국의 국력이 약했을 때 세계에 가장 큰 영향력을 미쳤다는 사실을 잊어버리는 것은 잘못이다. 우리에게 로켓이나 보복할 군사력이 없었을 때, 우리는 훨씬 더 많은 희망과 에너지를 갖고 있었다. 근래에 나는 그가 살았던 시대보다 지금의 상황에 더 적절하게 맞아떨어지는 알렉산더 해밀턴의 글을 읽었다. "국가를 좀 더 오래 동안 안전하게 지속시키기 위해서라면 시민들의 자유가 어느 정도 제한되어야 할 위험조차 감수해야만 한다." 이 시대에 만연된 아슬아슬한 위험은 우리가 반드시 지켜야 할 가치가 있는 것들에는 관심을 기울이지 않은 채 방어 자체에만 온 정신을 쏟고 있다는 데 있다.

♣

의구심이 사려 깊은 신앙심을 키우듯이, 국민들도 나라에 대해서 의구심을 품을 때, 진정한 애국심이 무엇인지 생각해 볼 수 있다. 기독교인들이 황제에게 정신과 양심까지 다 주어버린다면 복음주의적인 민족주의자들이 된다. 이것은 복음을 왜곡하는 것이 아니라 복음을 내동댕이치고는 멀리 도망가는 격이다.

조국을 사랑하는 거야 훌륭하고 멋있는 일이지만, 신앙은 하나님의 영광을 위한 것이다. 국가적으로 하나로 일치하는 일 역시 좋은 일이긴 하지만, 잔인하고 어리석은 바보짓을 위해 하나가 되어서는 안 된다.

♣

"미국을 사랑하든지 아니면 떠나시오!" 나는 이 말을 믿는다. 그런데 베트남 전쟁 기간 동안에 수많은 자동차 범퍼에 붙여졌던 이 슬로건의 문제점은 그 참뜻을 왜곡시켰다는 데 있다. 즉 "미국에 복종하든지 아니면 떠나시오!"라는 의미로 사용되었기 때문이다. 특히 다수의 눈에는 어리석기 짝이 없어 보이는 건데도 이 슬로건은 마치 참전에 대한 만장일치의 의견 통일을 이루는 것이 참전에 대한 범국민적 논쟁보다 더 애국적이라도 되는 듯이 사용되었다. 만약에 미국인들이 소금의 역할을 감당한다면 결코 정치적으로 하나로 뭉치진 않을 것이다. 바바라 터크만도 얼마 전에 "한 나라가 의견에 합치를 본다면 죽은 나라다"라고 말한 적이 있다. 조국에 대한 사랑은 부모님에 대한 사랑처럼 맹목적인 순종일 수 없다. 예수님께서도 그 두 경우 모두에서 신랄하게 입증해 보이셨듯이 말이다.

♣

나는 슬퍼하는 혁명가들만을 믿듯이, 슬퍼하는 군인들만을 믿는다. 열광적인 군인과 혁명가는 항상 다른 사람을 해친다.

♣

인류의 오랜 숙적은 바로 전쟁, 전쟁 자체다. 이기적인 이익을 위해 우리가 반드시 전쟁을 치러야 된다고는 말하지 말자. 그런 이익들은 전쟁을 치를 가치가 없다. 우리의 민주적 삶의 방식을 수호하기 위해 전쟁을 해야만 된다는 말도 하지 말자. 그런 삶의 방식은 전쟁에 살아남지 못한다. 그 대신, 우리 새로운 애국주의를 선포하자. 우리들이 그동안 나라를 위해서 가졌던 그 절대적인 충정을 이제 전 인류에게 돌리는 그런 새 애국주의 말이다. (마가렛 미드도 이렇게 말하지 않았던가? "전 지구를 샅샅이 뒤져서 찾아낸 것은 인류라는 하나의 종족밖에 없다"고.)

♣

"반드시 저항해야 될 때 침묵함으로써 죄를 짓는 것은 인간을 비겁하게 만든다."(에이브러햄 링컨)

♣

희생 그 자체는 거룩한 게 아니다. 심지어 50만 명에 달하는 우리의 젊은이들이 베트남에서 희생되었더라면, 그 명분이 손톱만큼이라도 더 거룩해졌을 것인가? 그러나 우리가 사랑하는 사람들이 그 희생자 명단에 들어있을 때는, 이런 사실을 깨닫는 것이 얼마나 어려운 일인지를 우리는 알고 있다.

♣

미국을 어떻게 사랑하는가? "옳든지 그르든지 내 나라"라고는 대답하지 말라. 그건 "술에 절었어도, 멀쩡해도 내 할머니"라고 말하는 것과 똑같다. 그런 말은 빈 말일 따름이다. 국기에 대해 단지 경례만 하지 말고, 또한 국기를 불태우지도 말라. 세탁해서 깨끗하게 보관하라.

미국을 어떻게 사랑하는가? 그리스도의 자비와 비전을 가지고, 초월적 윤리, 곧 "세월을 넘어서 보는 애국자의 꿈, 눈물을 흘리며 바라보아도 흐릿해지지 않은 채 빛나는 밝은 도시들"(캐써린 리 베이츠)을 성취할 수 있는 유일한 초월적 윤리를 갖고 사랑하라.

"보라, 이제 모든 것이 새 것이 되었다"고 주께서 말씀하셨다. 우리의 혁명적 선조들은 그 뜻을 이해한 듯하다. 그래서 그분들은 과거에서 쓸만한 것을 추려내려고 애쓰지 않았고, 정치적인 토론을 하며 서로 다르게 예견하는 미래를 놓고 싸웠다. 그분들은 국민들이 과거의 질서와 함께 죽는 게 아니라 과거의 질서에 대해 죽을 거라는 것을 알았다. 그런데 그들의 후예들이 오늘날 반란자가 되느니 차라리 희생자가 되겠다고 자처하기 때문에 그 오래된 고대의 낡은 구조로 인해서 그들이 뭉개지고 있다는 건 얼마나 모순된 일인가! 토마스 제퍼슨의 후예들이 조지 3세 같은 사람들을 만들고 있다는 것은 얼마나 모순된 일인가! 팔십의 노인으로 술에 취한 상태에서도 이성적이고 급진적인 젊은이와 같았던 벤자민 프랭클린 같은 젊은이를 오늘날 이 땅에서 거의 찾아볼 수 없으니 얼마나 모순된 일인가!

♣

세 종류의 애국자가 있다. 두 종류는 나쁜 애국자이고, 한 종류는 훌륭한 애국자다. 무비판적으로 나라를 사랑하는 사람과 애정 없는 비판을 하는 사람은 나쁜 애국자다. 좋은 애국자는 자기 나라와 연인끼리의 다툼을 하는 사람이며, 이런 사람은 하나님의 연인으로서 이 세상과의 다툼을 보여주는 사람이다.

♣

우리 시대에 비상 생존 수단은 더 이상 개별 국가나 개별적인 어떤 것에 있지 않다는 사실을 똑바로 인식하자. 현재와 미래의 비상 생존 수단은 인류 전체와 그 환경이다.

♣

미국은 자신들이 세계를 이끌어가야 한다고 생각할 필요가 없다. 우리가 세계를 이끈다는 생각보단 세계와 함께 발맞추어 나가려는 자세가 더 필요하다. 그러면 좀더 겸손한 자세와 지혜를 가진 나라로서 지도력을 발휘할 수 있을 것이다.

♣

개인들이나 국가들이 최악의 상태가 되는 것은 그들 자신의 우월함을 빙자하여 다른 개인들이나 국가들의 악에 맞서서 십자군처럼 행동할 때다. 반면에 그들이 최상의 상태가 되는 것은 그들이 다른 모든 개인 및 집단들과의 관계에서 하나님이 주신 혈족관계를 주장하면서, 우리들 안의 죄보다 하나님 안의 자비가 더욱 큰 것에 대해 감사기도를 드릴 때다.

♣

오늘날 도대체 미국 어디에 하나님께서 계시는가?

나는 하나님께서, 지리적으로는 고향에 있지만 정신적으로는 유배당했다고 생각하는 사람들과 함께 계신다고 믿는다. 하나님께서는 이 깨어진 세상을 고치기 위해 선한 일을 하는 사람들, 진보라는 이름으로 자연을 정복하는 미국인들의 뿌리깊은 취미에 반대하는 사람들, 절망적인 증거에도 불구하고 신앙을 지킴으로써만 변화의 기회를 바라보는 사람들과 함께 계신다고 믿는다.

하나님께서는 하나님의 얼굴을 보고 싶어 찾는 사람들, 빵의 질은 의심할지 모르지만 자신들이 배고프지 않다고 속이지는 않는 사람들과 함께 계신다.

하나님께서는 종교적 다원주의가 하나님의 뜻이라고 믿지만, 라삐 헤셸처럼, "종교간 대화의 첫째이며 가장 중요한 필요조건은 신앙"임을 알고 있는 모든 헌신적인 유대인, 무슬림, 기독교인, 불교인, 힌두교인과 함께 계신다. 신앙이 적은 오늘과 같은 시대에는 종교간 대화가 신앙을 대체하는 것이 되어버려, 타협을 위해 진정한 신앙을 억누르는 게 되기가 너무 쉽다.

하나님께서는 경이감과 경외심 속에 있는 모든 사람들, 감사하는 마음으로 운문이나 산문, 음악이나 예술로 새로운 노래를 부르는 사람들, 우리를 유혹하는 자기 속임수를 끝장내려는 사람들과 함께 계신다는 것을 나는 확신한다.

전쟁과 평화

나라를 구하는 데 군마가 필요한 것은 아니며,
목숨을 건지는 데 많은 군대가 필요한 것은 아니다.
- 시편 33:17

당신 자녀들이
미친 듯 싸우기 좋아하는 것을 고쳐 주시고,
저희들의 교만을 당신의 통제에 굴복시켜 주소서.
저희들이 재물은 풍족하지만 영혼은 초라하면서도
방자한 이기적 흡족함에 젖어 있는 것을
부끄럽게 만드소서.
- 헬리 에머슨 포스딕

전쟁은 겁쟁이가 평화 문제들로부터 도피하는 방식이다.
- 토마스 만

전쟁은 항상 후회의 근거일 뿐, 유쾌한 기분의 근거가 됐던 적은 단 한 번도 없다.

♣

평화는 항상 먼 곳에 있는 듯 보인다. 예레미야가 탄식했던 것처럼, "우리는 평화를 애써 찾아보았지만 평화는 온 적이 없다." 그러나 평화를 포기한다는 것은 하나님을 포기하는 것과 다름이 없다.

♣

전쟁은 인간이 지니고 있는 가장 고질적이고 치유할 길 없는 질병이다. "단지 죽은 사람들이나 전쟁의 종말을 보았다."고 플라톤은 말했었다. 역사가 윌 듀런트는 인류 역사상 전쟁이 없었던 기간은 단지 29년뿐이었다고 말했다.

♣

이라크 전쟁은 일어날 하등의 이유가 없었던 만큼이나 그 피해가 막심했다. 지혜와 정의와 목적, 그리고 동기, 그 어느 면에서 보아도 미국 역사상 최악의 전쟁이었을 것이다. 물론 우리는 이라크 국민들이 오랜 시간 잔혹하게 억압받았다는 것을 알고 있었고, 그래서 우리의 군인들을 지원했었을 뿐, 그들의 군사작전을 지원한 건 아니다. 그들은 미국을 방어하기 위해 소집된 게 아니라 이라크를 공격하기 위해 소집된 것이다. 그 군인들은 자신들의 조국을 위해 죽도록 소집된 게 아니라, 유엔 안전보장이사회와 거의 전 세계가 반대했던 불법적이며 불공정한 전쟁에서 죽이기 위해 소집된 것이다. 군대에 복무하는 우리의 아들딸들에게 이보다 더 비애국적인 요구를 할 수 있었을까?

♣

2차 세계대전에서 승리를 얻게 한 것이 결국 경제력이었다면, 테러리즘과의 전쟁에서 마침내 승리할 수 있는 유일한 길은 경제적인 정의에 의해서 이룩될 수 있을 것이다. 테러리즘에는 형이상학이란 존재하지 않는다. 테러리즘은 정치적인 억압이나 경제적 박탈과 같은 구체적인 역사적 원인에 의해서 발생한다. 이러한 불평등과 그 불평등을 촉발시킨 원인에 우리들이 연루되어 있다는 것을 인정하지 않는다면, 우리들이 자행하는 보복적 폭력으로 인해 테러리스트들이 국내외를 막론하고 미국의 관공서들을 습격하는 횟수는 더욱 늘어 갈 수밖에 없을 것이다.

♣

전 세계에 만연되어 있는 가난을 퇴치하는 일이 우리의 최상의 국방정책이 될 수도 있다는 걸 한 번 생각해 보자. 그 정책은 분명히 과격분자들의 힘을 무력화시킬 수가 있으며, 새로운 테러리스트들이 생겨나는 걸 실제로 막을 수 있을 것이다.

♣

평화란 필연적으로 저절로 굴러오는 건 아니다. 우리는 평화를 단지 열망하기만 할 수는 없다. 우리는 평화가 하나님께서 인류를 위해 가장 소중하게 품고 계신 희망의 등불로서 간주하여, 우리가 평화를 이루려는 분명한 의지를 지녀야만 하고, 그 의지를 이루기 위해 분투해야만 하며, 평화를 위해서 고난을 감수해야만 하며, 우리의 정부로부터 평화를 요구해야만 한다.

♣

우리는 반드시 행동하는 사람처럼 생각해야만 하고, 생각하는 사람처럼 행동해야만 한다.(앙리 베르그송)

♣

만약 당신이 나락에 아슬아슬하게 떨어지려고 한다면 진취적인 유일한 발걸음은 뒤로 물러서는 수밖에 없다.

♣

정말로 깨지기 쉬운 것은 이 세계가 아니라 인류인데, 그럴 가능성이 섬섬 더 높아지는 것은, 우리의 미래 세대들이 그들 자신의 생존의 대가를 지불할 수 있도록 우리가 그들을 충분히 돌보지 않고 있다는 사실이 점점 더 분명해지기 때문이다.

♣

전쟁은 사람의 내면에서 시작된다는 걸 기억하도록 하자. 먼저 다른 사람들이 죽는다는 걸 생각해야만 한다. 형제를 죽일 수는 없다. 자매와 친구, 동료 인간을 죽일 수도 없다. 하지만 마르크스주의자나 자본가, 테러리스트는 죽일 수 있다. "빨갱이"나 "월스트리트의 상어"는 죽일 수 있다. 더 나아가 우리는 "상호 피해"라는 헛소리를 하면서 더욱 더 죽일 작정을 한다.

♣

우리들 자신을 올곧음의 모델로 간주하는 것은 물론 기분 좋은 일이며, 심지어 우리들 자신의 올곧음이 오해받고 있다고 간주하는 것은 더욱 기분 좋은 일이다. 그러나 단순하게 솔직히 생각하면, 우리들이 다른 나라들과 다를 바 없다는 사실을 직시할 수밖에 없다. "상대방이 이해하는 유일한 것은 무력일 뿐이다" 하고 말하는 것의 문제는 당신이 이해하는 유일한 것이 무력일 뿐인 것처럼 행동해야만 한다는 사실이다.

♣

어떻게 부강한 나라가 스스로 전 세계를 위한 "자유의 수호자"라고 선포하고 있는지 한 번 생각해보자. 우리가 수호하는 게 "자유"인가? 그 자유는 최우선적으로 다른 나라 사람들에게보다는 미국인인 우리에게 특권을 가져다 준 것이 아닌가? 카뮈가 지적하곤 했듯이, 자유는 "일차적으로 특권들로 이루어진 것이 아니라, 특별히 의무들도 이뤄진다." 만일 미국에서 자유의 특권보다는 자유의 의무가 존중되었다면, 왜 우리는 쿠바에서 카스트로가 등장하기 전의 바티스타 군사독재정권(1933-59년)과 도미니코 공화국의 투루힐로 군사독재정권(1930-61년)의 피비린내 나는 학살에 침묵했으며, 도미니코 공화국의 후앙 보슈 대통령을 7개월만에 군사 구데타로 전복시킨 사건(1963년), 니카라과의 산디니스타 혁명군이 승리하기 전에 소모사 독재정권(1936-79년) 아래서 자행된 학살 사건들에 대해 침묵했는가?

♣

　민중들은 세대마다 권력을 쟁취하기 위해서 전력을 다해 왔는데, 우리 세대가 이전 세대들과 다른 유일한 차이는 우리 세대에선 민중들이 그 권력을 쟁취했다는 점이다. 이른바 우리가 이 시대를 "전면전의 시대"라고 부르는 건 지금이야말로 이루지 못할 거라곤 아무것도 없는 "전능의 시대"라고 생각하기 때문이다. 일어난 사건들을 보면 그야말로 흥미롭다. 여러분들이 알고 있는 "사람은 자신이 파악할 수 있는 것을 뛰어넘어야만 한다"는 말의 진정한 의미는 우리가 우리들의 도덕적 상상력을 우리들이 행할 수 있는 만큼보다 더 한껏 펼쳐야 한다는 뜻이다. 그러나 지금은 거꾸로 우리의 도덕적 상상력을 넘어서서 우리는 가능한 모든 것을 하고 있다. 우리의 파괴능력은 사실상 무제한적으로 펼쳐지고 있으나, 우리가 상상하고 느끼고 반응하는 것은 언제나 그랬듯이 항상 제한되어 있다. 그러므로 우리는 도덕적으로 파악할 수 없는 것을 물리적으로 할 수는 있다. 우리가 도덕적 수단을 넘어서 살고 있다는 것이 문제의 핵심이다.

♣

바그다드, 트리폴리, 카르툼과 벨그레이드에 폭탄을 투하했다고 해서 이제껏 선거에서 패배한 사람이 아무도 없었던 것은 이런 공격들이 미국인들의 목숨에는 최소한의 위협도 주지 않았기 때문이었음이 분명하다. 베트남 전을 겪은 이후에 미국인들은 더 이상 시체를 담은 부대를 원하지 않았다. 그래서 걸프전에선 인적 자원을 동원하기보다는 기술적인 지원을 확대해서 기어코 승리할 수 있음을 강력하게 암시했었다.

그러나 그 어느 곳에 폭탄을 투하할 때마다, 우리는 적의 수를 감소시키기는커녕 훨씬 더 많은 적을 벌어들였을 뿐이다. 테러의 공격 대상이었던 우리가 날이 갈수록 테러의 장본인이 되어가고 있다. 일부 미국인들뿐만 아니라 훨씬 많은 외국인들이, "우리는 너희 나라 시민들을 마음대로 죽일 수 있지만 너희가 우리 군인들을 죽이게 할 순 없지."라는 미국의 태도에 구토를 느끼고 있다.

♣

베트남 전쟁에서 끔찍한 참상을 체험했던 일부 퇴역군인들은 하나님을 더 이상 믿을 수 없노라고 선언했는데, 그건 마치 애당초 그들이 거기로 가야만 했던 것이 하나님의 뜻이었던 것처럼 들린다. 누구든 전쟁이나 전투에서 죽게 되는 건 하나님의 뜻과는 아무 상관이 없으며, 적군과 아군 사이에서 그의 몸을 뚫고 날아드는 포탄을 맞고 있는 그리스도를 상상하는 건 결코 과장된 것이 아니다.

하나님이 무엇 때문에 이런 일들을 일어나게 한단 말인가? 하나님이 그걸 막지 못하기에, 사랑은 권력을 행사하려 할 때 자기 절제를 한다. 만약 인간의 이런 재앙이 우리를 슬프게 하는 거라면, 그것이 얼마나 하나님의 가슴을 갈갈이 찢어 놓을 건지도 충분히 상상할 수 있다. 하지만 인간의 재앙은 사람의 책임으로 일어난 것이지, 하나님의 책임으로 생긴 게 아니다. 오용하면 이러한 재앙도 피해 갈 수 없는 자유를 인간에게 주신 하나님께 우리는 그분의 책임이라고 탓할 수 있을 뿐이다. 종종, 나는 하나님께 이것에 관해서는 강렬하게 항의하곤 한다는 걸 고백하는 바이다. 나는 하나님을 향해서 이렇게 울부짖곤 한다. "자, 보세요, 하나님, 당신께서 값비싼 시계를 그것의 가치를 아예 모르는 어린 아이에게 주어서 그 애가 그걸 부숴 버렸다면 그걸 누구의 잘못이라 하실 겁니까?"라고. 그러나 만약 사랑이 이 게임의 이름이라면 자유는 그것에 절대적으로 선행되어야 하는 조건이라는 걸 깨달아야만 한다. 하나님은 사랑하는 자에게 힘을 행사하실 때 그야말로 지독하게 절제하신다. 성서에 나오는 다른 어떤 이야기보다도 크리스마스 이야기에는, 우리가 하나님의 무기력하고 초라한 힘, 혹은 하나님의 사랑에 의해서 우리가 구원을 받는다는 사실이 확연히 드러난다. 그분의 힘에 의해서 우리가 구원되는 것이 아니라는 사실이다. 하나님이 요셉과 마리아의 아들로서 이 땅에 오신 것은, 사랑하는 사람을 위한 자유는 그 사랑하는 사람과의 동등함이 필수적 요소라는 것을 성탄절 이야기는 보여주고 있다.

♣

　냉전은 따뜻한 가슴들을 황폐하게 만들어 갔다. 원수를 사랑하라는 하나님의 교훈들은 모든 공산주의자들을 증오하라는 명령으로 뒤바뀌었다. 그들을 증오하라는 명령이 애국적인 미덕으로 자리 잡았다. 그렇게 차츰차츰 우리도 우리가 가장 확신하고 있던 귀중한 미덕들을 무가치하게 제쳐놓게 되었다.

♣

　오, 부활하신 주님께서는 국가 지도자들의 오만방자한 모습을 어떻게 호되게 꾸짖으셔야만 할까! 추측을 불변하는 교리라고 믿고, 편견을 해결책이라 부르며, 핵전쟁에 대한 투기로 막대한 이득을 보는 자들에게 말이다. 가난한 사람들은 더 가난한 나락으로 떨어지는 고통을 겪지만, 미국과 소련의 지도자들은 권력을 통해 타락하고 있다.
　우리 주님이 이제 곧 거대한 무덤이 되려는 이 세상 속에 다시 부활하셔야만 하는 것은 정말 아이러니한 일이다. 죄 속에 살아가는 삶에 대해 얘기하자! 하나님께서는 이 부활절에 단순히 핵무기를 만드는 것조차도 죄라는 사실을 깨닫게 하신다.

♣

　인생은 사필귀정이다. 우리는 죄를 범했기 때문에 벌을 받는다기보다는 오히려 우리가 범한 죄 자체에 의해서 벌을 받는다. 우리의 개인적 삶도 사필귀정이지만, 핵무기가 판치는 세상에서 국가들의 운명은 더욱 그렇다. 우리의 운명이 상대방의 자비에 달려 있을 때 우리가 더욱 자비로움을 배우는 것이 낫지 않은가? 우리가 온유함을 배우지 못한다면, 누구든 상속받을 땅이 남겠는가?

♣

　삶은 하나의 윤리적 경첩에서 왔다 갔다 한다. 그 경첩을 느슨하게 하면, 모든 역사와 자연조차도 충격을 느끼게 될 것이다. 하나님은 조롱을 받으실 분이 아니므로, 하나님 나라는 하나님의 판단으로 오는 것이며, 그것은 모든 다른 종류의 나라들은 종국에는 멸망하게 된다는 약속이다.

♣

　하나님의 가르침의 여러 부분이 성 어거스틴의 통찰력에 바탕을 두고 있다. "악이 마치 전적으로 너의 외부에서 일어나는 무엇인 것처럼 생각하여 악과 대결하지는 말아라."

♣

　부활하신 주님의 눈에는 단지 핵무기를 소유하는 것만도 150년 전에 노예를 소유하고 있는 것에 비견할 만큼 분명히 혐오스런 일임에 틀림없다. 그리고 노예제도를 인간화하는 것이 아니라 철폐하는 것이 그 당시의 목표였듯이, 오늘날 우리 기독교인들의 의무는 이 지구상에 마지막까지 남아 있는 모든 핵무기를 완전히 없애는 것이다.

♣

　하나님 홀로 지구상의 모든 생명을 파멸시킬 권위를 가지셨고, 인간이 가진 것이라고는 그 파멸시킬 힘뿐이다. 이 힘은 신앙의 어떤 신조로도 그 권위를 인정받는 것이 아니기 때문에, 크리스천들은 핵무기를 사용하거나 사용하겠다고 위협하는 것 뿐 아니라 핵무기를 만드는 것도 죄라는 것을 반드시 말해야만 한다. 이 위기가 재앙으로 입증되기 전에 이 위기를 인식하는 우리의 희망은 회개 속에 있다.

♣

　미국인들은 핵무기를 만들 수 있는 **능력**이 핵무기를 만들 수 있는 권리와 같다고 착각하고 있다. 또한 아담 스미스의 나라인 이 곳에서는 돈을 버는 능력이 돈을 무한정으로 버는 권리와 같다는 착각도 하고 있다. 그러나 우리에겐 지구의 종말을 가져올 능력은 있지만 그 권리는 갖고 있지 않다. 오직 하나님께서만 그럴 권리를 갖고 계시다. 소유를 늘리기 위한 능력도 우리에겐 있지만 그 권리 역시 우리의 것은 아니다. 만일 우리가 "이 땅은 주님의 것" 임을 믿으며, "정의가 마르지 않는 강처럼 흐르게 하여라"고 선포하신 주님을 믿는다면 말이다.

핵무기를 소유한 국가의 국민들은 더 이상 전쟁도 무섭지 않게 되었지만 그것을 그들이 거의 알아차리지는 못하고 있기 때문에, 예수님은 그 어느 때보다 자유와 진리, 평화에 이르는 유일한 길이 되셨다. 오랜 세월을 카인과 그 후예들을 휘저었던 적대감은 영속되려고 하였지만, 예수께서는 그것을 그치게 하려 한다. 그러하기에 적대감을 영속시키는 것이 아니라 땅에 묻어야 하는 것이 우리의 소명이다. 폭력은 바로 지금 이 자리에서, 그리스도의 거룩한 이름을 부르는 사람들 각자에 의해서 소멸되어야만 한다. 험담이나 이웃에게 거짓 증거하는 사람, 따뜻한 가슴을 지닌 사람에게 냉담한 무관심을 보이는 것과 같이 어떤 종류의 폭력이나 인간의 본성에 반하는 모든 것들을 지금 당장 우리에게서 사라지게 할 책임과 소명은 우리의 것이다.

♣

그들과 우리가 따로 있는 게 아니다. 단지 우리만 있다. 핵전쟁을 향해 질주하고 있는 건 우리 모두다. 2차 세계대전 중에 6백만 명의 유대인들이 동유럽 여러 곳에서 밀폐된 기차에 짐짝처럼 실려지고, 옷을 벗긴 채, 총을 맞거나 독가스로 죽었고 소각장에서 재가 되었다. 그들 대다수는 타고 가던 기차에서도 자신들의 운명을 예감할 수 없었다. 더욱 거대한 소각장으로 실려가고 있는 그런 기차에 타고 있는 우리도 그걸 감지할 눈이 아직 없다.

♣

노예제도를 철폐할 첫 단계가 노예무역 철폐였듯이, 궁극적으로 국가의 무기 저장고를 없앨 첫 단계는 우선 무기거래를 중지하는 것이다. 파는 사람이나 사는 사람 모두 범죄자일 뿐이다.

♣

핵무기를 가진 국가들이 행하고 있는 일은 실제로 핵 차별주의(nuclear apartheid)를 하고 있는 거다. 다른 나라들이 핵을 생산할까

감시하면서, 핵무기를 가진 몇 나라들이 자기들만 핵무기를 만들고 배치하며 다른 나라에게 핵무기를 사용할 수도 있다고 으름장을 놓을 권리가 있다고 오만하게 굴어 왔었다. 인도와 파키스탄이 한 핵폭탄 실험은 끔찍한 만큼이나 예견될 수밖에 없었다. 남아프리카 공화국에서 인종차별주의가 성공할 수 없었던 것과 마찬가지로 핵 차별주의도 성공할 수 없기 때문이다.

핵 차별주의는 몽상적이며 오만하다. 그것은 재앙의 정책인 핵무기확산 정책의 비결이기 때문이다. 코피 아난 유엔 사무총장이 지속적으로 "전 지구적인 핵군축이 유엔 총회에서 가장 주요 의제로 다뤄져야만 한다"고 강조했던 이유도 바로 거기 있다. 핵군축이 교회의 가장 중요한 의제가 되어야만 하는 것은 왜 아닐까?

♣

핵무기 철폐는 우리가 선택해도 되고 안 해도 되는 바람직한 선택 사항이 아니라 시급한 명령이다. 그것이 양심의 문제인 만큼 깊은 이기주의가 도사리고 있는 문제다. 하나님은 조롱받지 않는 분이다. 철저하게 부도덕한 것은 결국 절대로 정치적인 수단이 될 수도 없다.

우리는 두뇌는 작은데 너무 커다란 무기로 무장한 몸 때문에 고통스럽게 살다가 멸종된 공룡을 닮기로 작정을 한 것 같다.

♣

인도주의적인 이상을 고백하면서 또 한편으로는 무제한의 살육을 위협해대면서, 어떻게 미국이 세계 유일의 초강대국으로서의 책임감을 가졌다고 자처할 수 있는가? 그리고 어떻게 과거 소련은 40년 동안이나 전쟁을 억제한다는 거룩한 미명 아래 미국과 함께 끝도 없는 핵무기 경쟁을 벌여가며, 이 세계를 언제 자신의 사형이 집행될지 모르고 그 저주받은 감방에서 초조하게 기다리고 있는 사형수로 몰아가고 있으면서도 자신이 강대국의 책임을 지고 있다고 자처할 수 있는가?

♣

살이 찐 사람이 깡마른 사람에게 소식(小食)의 미덕을 설득력 있게 말할 수 없듯이, 핵무기를 소유한 국가들은 자신들이 진지하게 핵무기를 해제하기 시작하지 않고선, 비핵국가들에게 핵무기를 소유하지 말아야 된다고 설득시킬 수가 없다. 그들 스스로 핵을 포기하든가 아니면 이 지구상의 어떤 나라도 결국은 핵을 가지게 될 거라는 사실을 직시하든가 둘 중의 하나다. 전 세계가 핵을 던져버리고 핵에서 자유로워지든지 전 지구가 등에 핵을 가시처럼 달고 서로 찌를 준비를 하는 고슴도치가 되든가 해야 된다.

♣

보편적인 금지령은 오늘날 인습적인 지혜와 불화하는 원인이다. 핵전쟁이 일어나게 되면 그러나 모든 인류는 바람 따라 날아가 버리고 말 것이다.

♣

하나님의 은총으로 우리가 지구촌에서 대량살상무기를 없애는데 성공할 수 있다 하더라도, 그 무기들을 만드는 능력은 영원히 인간의 지식의 창고 속에 일부가 될 것이다. 이 세상의 미래에 관한 모든 생각들 가운데 핵전쟁의 문제보다 우리의 정신을 바짝 깨어나게 만드는 것은 없다. 왜냐하면, 어느 나라가 전쟁을 하게 될 때, 핵무기를 만들 능력이 있는데도 불구하고 핵무기를 만들지 않고 은혜롭게 패배를 선택하리라 믿는 것은 너무나 순진한 생각이기 때문이다. 다시 말해서, 핵무기라는 금단의 열매를 먹은 다음에는 더 이상 순수함으로 되돌아갈 수 없다. 인류가 이제까지는 전쟁에서 살아 남았지만, 미래의 전쟁은 그렇지 않다는 사실을 모르고 있다고 결론지을 수밖에 없다.

♣

　현재 미국은 미국 다음으로 국방비 지출이 많은 15개 나라들의 국방비를 합산한 만큼의 국방비를 지출하고 있다. 미국 군대는 현재 세계 75개국에 주둔하고 있다.

♣

　"그리고 지금은 신앙을 따라서…." 영적인 쇄신과 건강한 미래 사회를 위해서 이 나라가 필요로 하는 신앙은 예언자들, 곧 자신들의 조국인 이스라엘을 사랑했지만 그 사랑이 조국에 대한 깊은 절망으로 나타났던 예언자들의 신앙의 길을 따르는 것이다. 예언자적인 신앙은 분노로 가득 차 있는 신앙이지만 그것은 하나님의 선하심과 위대하심에 항상 머물러 있는 신앙이었을 뿐 원수들에 대한 적개심에 머물러 있었던 것은 아니다. 그것은 경제적 폭군이 정치적 폭군처럼 심각한 폭군이란 걸 깨닫는 것이다. 그것은 사회정의를 구원으로 향하는 본질적인 요소로 보는 것이지 부차적 요소로 간주하는 것이 아니다. 그것은 정의에 대한 하나님의 무조건적인 관심이 신과 인간이 비슷하다(anthropomorphism)는 게 아니라 정의에 대한 인간의 관심은 차라리 신과 비슷하다(theomorphism)는 걸 깨닫는 신앙이다. 다시 말해서, 우리가 정의를 구현하는 정도에 따라서 하나님도 우리 안에 당신의 모습을 드러내신다는 걸 이해하는 신앙이다.

　미국의 자유가 회복되고 확장되기 위해서는, 미국의 기독교인들이 고대 이스라엘의 예언자들이 자신의 조국에 대한 애정 어린 비판과 투쟁, 그리고 하나님께서 온 세상과 더불어 한결같이 싸우신 투쟁을 이어갈 필요가 있다. 우리는 우리가 할 수 있는 일에 대해 "예"라고 말해야만 하며, 우리가 "아니오"라고 말해야만 하는 일에 대해 "아니오"라고 말해야만 한다. 우리는 정부가 나라의 이상을 배반할 때 그 정부에 반대하는 것이 충성스런 행동이라는 사실을 반드시 명심해야만 한다. 우리는 사람들이 덜 다닌 길을 택해야 하며, 우리나라의 체면이 손상되는 것보다는 나라의 영혼을 구원하는 일에 보다 많은 관심을 기울여야만 한다. "나는 하나님께서 정의의 하나님이라는 사실을 기억할 때, 나의 나라를 위해 몸을 떤다."(토마스 제퍼슨)

　다수결의 원칙이 양심의 원칙과 같은 경우는 별로 없다. 대다수의 미국 시민이 오랜 세월 동안 노예제도를 지지했고, 여성들의 선거권을 거부했으며, 미성년자들에게 노동을 시킨 것만 봐도 알 수 있다. 민주주의는 인간의 입증된 선함에 바탕을 두지 않으며 오히려 독재자의 입증된 악함에 바탕을 두고 있다. 그러므로 법은 결코 순수한 정의를 뜻하는 것이 아니라, 단지 특정한 사람들이 특정한 시대에 허용할 만큼만의 정의를 뜻한다. 즉, 법은 여론을 선도하는 만큼 여론을 반영한다. 그래서 법이 정의에 대한 인간의 가장 고결한 정신을 더욱 크게 반영시키고 그보다 못한 것을 거부할 수만 있다면, 누군가는 새로운 법이 정의를 더욱 잘 구현할 수 있도록 부단하게 변화를 촉구해야만 한다. 예수, 소크라테스, 간디 그리고 킹 목사가 실천했던 비폭력적 시민의 불복종 운동은 단순히 양심의 표현만이 아니라, 보다 큰 정의와 자비가 실현된 사회를 향해 걸어가는 길이다.

다음 문제들은 시민의 불복종 행위를 시작하기 전에 엄격하게 해명되어야 한다. 즉 시민들이 불복종함으로써 반대하려는 악(惡)은 얼마나 분명하고 거대한가? 법으로 규정된 것 안에서 해결한다는 것은 얼마나 불가능한가? 무고한 사람들에게 어떤 피해도 입히지 않은 채 불복종하는 게 가능한가? 또한 궁극적인 고려 사항은 아니지만, 불복종 행동의 효과는 무엇일까?

♣

더욱 바르게 전진하기 위해 우리는 정말로 무릎을 꿇고 기도할 수밖에 없다. 베드로에게는 모든 것이 분명히 드러났었지만, 대다수의 우리들에게 시민 불복종 행위는 두려움과 떨리는 마음으로 실행되어야만 한다. 불복종하지 않는 것이 사태를 더욱 악화시킬 것이라는 인식 때문이다.

♣

누군가를 강권하여 시민 불복종 운동에 참여하도록 만들게 되면, 그 과정에서 겪는 어려움들로 인해 그는 반드시 다시 생각하게 되는데, 만일 그 결정이 그 자신이 주도적으로 내린 결정이 아니라면, 그는 크게 후회할 것이다. 반면에, 누군가를 강권해서 시민 불복종 운동에 참여하지 말도록 만들면, 그는 평생 동안 자신이 선택할 수 있었던 진리의 위대한 순간을 놓쳐버리고 만 것을 후회하게 될 것이다. (일단 그 첫 기회를 놓치고 나면, 그 다음에는 그런 기회들을 수없이 많이 놓치는 것이 얼마나 쉽겠는가!)

♣

예수는 예언자 이상이었고, 다른 이들보다 훨씬 정치적이었다. 오직 예수의 그것만이 영원한 나라를 향한 정치학이었다. 또한 영원의 정치학은 모든 혁명분자들에겐 모욕감을 줄 "비폭력"을 주장할 뿐만 아니라, 모든 민족주의자들에게 모욕감을 줄 "세계는 하나"라는 주장을 하고 있다. 영토차별이 인종차별만큼 사악하다는 걸 깨달을 때에 비로소 우리들의 영원의 정치학에 대한 이해가 시작될 것이다.

♣

폭력이 문제가 되는 것은 너무 많은 변화를 일으켜서가 아니라, 거의 아무것도 변화시키지 못한다는 데 있다. 비폭력은 폭력보다 더욱 진실하기에 더욱 급진적이다. 폭력은 항상 자신을 감추기 위해서 결국은 거짓을 부르는데, 그것은 거짓이 자신을 감추기 위해 폭력을 부르는 것과 똑같은 이치다. 그와는 완전히 반대로, 진실은 감출 것이 없이 벌거벗겨져 있으며, 그리스도처럼 연약하다. 그리스도의 유일한 무기는 진실이며, 하나님의 사랑의 유일한 무기도 진실이다. 그러므로 하나님의 바로 그 사랑이 억압과 가난과 타락을 견딜 수 없는 것으로 보았으며, 바로 이 사랑은 사람들에게(심지어 가난한 사람들을 고통스럽게 만드는 사람들에게조차도) 고통을 주기보다는 그 고통을 자신이 스스로 떠맡아버리셨다. 다른 사람의 고통에 대해 "온 나라가 파멸하는 것보다는 한 사람이 죽는 게 낫다."(아, 국가안보를 위해!)고 말할 수 있는 사람은 자기 자신에 대해 정말로 진실된 마음으로, "단 한 사람이라도 파멸되느니 차라리 내가 죽는 게 낫다."고 말할 수 있어야만, 그가 냉소적인 인간이 아닐 수 있다. 이것이 결국은 진실이 무장해제시키는 방식이며, 이 길이 최선이다.

자연에 대하여

땅과 그 안에 가득 찬 것이
모두 다 주님의 것,

– 시편 24:1

당신의 바위들과 시내를
당신의 숲과 성전처럼
우뚝 솟은 산들을 사랑합니다.
저의 심장은 그 모든 것처럼
황홀함에 설레입니다.

– 새뮤얼 프랜시스 스미쓰

지식의 섬이 클수록
놀람의 해변이 넓다.

– 휴스턴 스미쓰

"악의 축"이라고 부시 대통령은 맞는 말을 했지만, 그 악의 축들은 이란이나 이라크나 북한이 아니다. 헤라클레스적인 초인의 노력으로 물리쳐야 할 트리오가 있다면, 그것은 환경 파괴와 세계적으로 만연한 가난과 무기로 가득 찬 세상이다.

♣

우리는 자연을 자연의 하나님으로부터 이혼시켰다. 우리는 자연을 근본적으로 하나의 연장통(toolbox)으로 본다. 자연엔 아름다움은 서려 있을지는 몰라도 목적을 가지진 않았다. 인간의 정신이 자연을 자연의 하나님과 재혼시키지 않는 한, 우리는 결코 지구의 환경을 구할 수 없다고 확신한다. 우리가 천연자원을 고갈시키면서 그 과정에서 인류 스스로 자멸하지 않도록 조심하자는 경고만으로는 충분하지 않다. 경고를 능가하는 경외심이 필요하다. 우리에게는 실제적인 두려움을 넘어서는 도덕적인 양심의 가책이 필요하다. 자연이 "다시 신성한 것으로" 여겨지지 않는 한, 우리는 자연을 인간관계처럼 결코 윤리적 성찰의 대상으로 인식하지 않을 것이다. 나는 이 문제에 대해 결코 낙관적이 아니다. 왜냐하면 기독교인들은 우선 하나님의 피조물들을 형편없이 돌보는 청지기들이기 때문이다. 또한 기독교의 "청지기 직분"(stewardship) 개념에 대해 오늘날 진지하게 도전하는 사람들은 인간 스스로를 지구의 경영자들(planet managers)로 자처하기 때문이다. 오늘날의 경영의 개념에는 새로운 생명을 창조하는 유전공학과 생명공학도 포함된다. 개념적이고 윤리적인 측면에서 유전공학은 원자가 산산조각으로 분쇄된 이래로 아마도 제일 중요한 과학적 진보를 이루어냈을 것이다. 유전공학은 자연이 폭발적인 인구증가와 대량소비 습관을 뒷받쳐 줄 수 없다면, 단지 자연을 변화시켜버리면 된다고 주장한다.

♣

많은 정치 지도자들의 주장처럼, 경제적 요구와 환경 사이에 균형을 찾는다고 말하는 것은 큰 실수다. 한 나라의 경제든, 세계의 경제든 경제란 생태계에서 하부조직이다. 그러므로 우리는 성장을 무조건 좋은 것으로 말할 수는 없다.

♣

정말로 우리가 하나님의 피조물들을 돌보는 청지기들이라면 크리스천들이 맡은 역할은 상당히 중요하다. 그리고 그런 역할은 극적인 결과를 가져올 수 있다. 왜냐하면 생태적인 시각은 오래 동안 우리들의 세속적인 신조였던 소유중심적 개인주의에서 벗어나, 유일하게 우리를 구원해줄 상호의존성을 따르게 하기 때문이다. 사람들은 자연으로부터 얻어진 잉여물들을 소비하는 일만 했었는데, 오늘날에는 우리가 현재와 미래 세대의 잉여물을 위한 생산의 터전마저 파괴하고 있다. 오직 함께, 우리 모두가 다 함께만이 그 생산적 터전을 구해낼 수 있다.

♣

성장에도 한계는 있다. 이 사실은 성경에 나오는 인간의 "지배권"에 대한 우리의 이해에도 영향을 미쳐야만 한다. 자연에 대한 "지배권"을 우리가 잘못 인식하고 있었을 가능성도 꽤 높다. 하나님은 착취하지 않으시기 때문이다. 하나님은 조종하지 않으신다. 우리가 자연을 착취하는 대신 잘 보존해야만 하는 건 당연한 일이다. 발전시킨다는 생각 대신에 유지하고 관리한다는 생각을 해야 한다. 공학이라는 개념 대신에 양육한다는 생각을 해야 한다. 세계 구석구석에서 쓰레기를 뿜어내고 있는 이 지구를 멸망시키는 일은 이제 중단하겠다고 새롭게 청지기 선언을 하는 일이 자연을 소유했다고 선언하는 일보다 훨씬 더 중요한 일이 되어야 한다. 이 새로운 청지기 직분에 대한 가르침은 사회정의라는 오래된 가르침과 손을 맞잡아야만 하는데, 자원이 희소하게 된 시대에는 형평성의 문제가 더 이상 미뤄질 수 없기 때문이다. 지금 우리에게 절실한 건 자연과 영혼을 나누는 관계이며 서로가 가슴으로 다가가는 관계다.

♣

문명이 진보할수록 경이로움에 대한 감수성은 엷어진다. 기술의 발달은 혹독한 지구 위에서 인간이 단지 살아남게 한 것만이 아니라 인간의 삶을 온전하게 영위하도록 자유롭게 만들었지만, 그러나 바로 그렇게 된 순간 경이로움에 대한 감수성을 잃어버림으로써 우리는 전 지구마저 잃게 될 위험에 처해 있다. 참으로 어처구니없는 일이다. 결국은 경외심만이 자연을 향한 폭력, 이웃을 향한 폭력으로부터 우리를 해방시켜 줄 수 있다.

♣

우리가 그 위에 집을 지을 수 있는 건강한 지구를 가지지 않았다면, 집이란 도대체 무슨 의미가 있는가? 우리나라는 이 지구가 얼마나 오래 갈 수 있는지에 대해 꽤 장담하려고 한다. 그런데 어느 부자 개인이 하나님 나라에 들어가는 일이 낙타가 바늘구멍을 통과하는 것보다 어렵다면, 부자 나라는 얼마나 어려울지 불 보듯 뻔한 일이 아닌가!

♣

 만일 당신이 많은 신자들처럼 정치적으로 적극 참여하는 영성을 믿는다면, 당신은 지구의 환경을 구하기 위해 헌신할 것이다. 만일 당신이 경제적 범죄가 폭력으로 인한 범죄만큼 엄청난 폐해를 초래할 수 있다고 믿고 있으며, 미국인으로서 불타는 애국심을 국가적 겸손으로 가라앉히려고 노력한다면, 당신은 때때로 그런 거창한 일들을 그만 집어치우고 싶은 마음이 들 수밖에 없다. 그러나 예수께서 절망의 늪 속에 빠져서 영혼의 길을 잃은 적이 한 번도 없으셨으며, 권력과는 거리가 먼 낮은 자들을 향해 "너희는 세상의 소금이다. 너희는 세상의 빛이다"는 말씀을 하셨다면, 도대체 우리는 누구이기에 "신앙의 선한 싸움"을 집어치우려 하는가?

삶에 대하여

내 영혼아,
주님이 너를
너그럽게 대해 주셨으니
너는 편한 마음을 가져라.

— 시편 116:7-8

저는 스쳐 지나가는 시간마다
당신의 현존을 필요로 합니다.
유혹자의 힘을 이길 수 있는 것이
당신의 은총 이외에 무엇이 있겠습니까?
저를 안내하고 제 곁에 머물 수 있는 이가
당신 이외에 누가 있겠습니까?
구름을 통해서도 햇빛을 통해서도,
주님, 저와 함께 계셔주십시오.

— 헨리 프랜시스 라이트

"진리의 추구"라는 말엔 우리와 진리 사이에 갭이 존재한다는 뜻이 정확하게 내재되어 있다. 그러나 무엇이 그렇게 숨겨져 있으며 우리에게 잡히지 않는 건가? 우리인가 진리인가? 어쩌면 진리가 우리를 찾고 있다는 사실을 우리가 피하고 있는지도 모른다.

♣

사실이나 이성이 아니라 관계들이 진실을 여는 열쇠다. 관계를 맺음으로써 진실의 문이 열린다.(파커 팔머)

♣

어떻게 위대한 예술가들이 의미에 대한 정의를 내리는지 잊지 말자. 꾸물거림은 햄릿 이래로 그 의미가 달라졌으며, 질투는 오셀로 이후로, 기회주의적 야망은 맥베쓰 이후로 그 의미가 달라졌다. 이렇게 생각해보는 건 어떨까? 소로우가 워즈워스를 읽고, 존 무어가 소로우를 읽고, 테디 루즈벨트가 존 무어를 읽어서, 결국 국립공원이 생겨날 수 있었다고. 워즈워스에서 국립공원까지 한 세기라는 시간이 걸렸지만, 우리는 앞으로도 수 세기에 걸쳐 그

삶에 대하여 *171*

공원들을 향유할 수 있으리라!

♣

　부모 노릇을 하는 건 정말로 중대한 책임감을 가진다. 우리의 의무감이 우리의 삶을 의미 있게 만드는 것임을 인식하지 않은 채 우리의 자유를 누리려고만 한다면, 그건 우리 자신을 속이는 짓이다. 자녀는 우리를 삶에 충실케 하는 닻이다. 우리의 목에 매달린 튼튼한 자식들은 우리를 겸손하고 슬기롭게 만든다!

　그러나 자식을 갖는 것만으로 다 엄마들이 되는 건 아니다. 엄마 노릇을 하기 위해서 자식이 반드시 있어야 하는 것도 아니다. "하나님의 뜻을 행하는 사람은 누구든지 나의 형제요, 자매요 어머니다." 우리 모두는 서로 사랑함으로써, 하나님께서 우리를 지으시고 뜻하셨던 바의 존재들이 되도록 우리를 부르신다.

♣

　뱅골산 호랑이 같은 사람만이 진정으로 악한 일을 저지른다고 생각하는 사람들도 더러 있지만, 사실은 순한 암고양이와 같이 잘 교육받고 교양 있고 순종적이며 안전하고 무균질의 보통 사람도 충분히 악한 일을 저지를 수 있다. 괜찮은 사람도 선한 사람에게 대적하기에는 충분하다.

♣

　아무도 두려움을 느끼는 걸 두려워할 필요는 없다. 다만 두려움이 옳은 일을 못하게 막는 걸 두려워해야 한다. 용기란 최악의 상황이 벌어질 수 있음을 잘 알고 거의 초죽음이 되도록 두려워하면서도 어쨌거나 옳은 일을 해내고 마는 것이다.

♣

　예수께서 사람들을 고쳐주신 후에 아무런 조건을 붙이지 않으셨다는 사실을 주목해 본 적이 있는가? 그분은 장님 바돌로매를 고쳐주신 후에 "예쁜 여인들에게 추파를 던지지 말거라!" 하고 말하지 않으셨다. 마른 손을 가진 사람을 고쳐주신 후에도 "이제 도둑질은 하지 말라!"고 경고하지도 않으셨다.

♣

　당신은 죽음이나 삶의 역경에 처해서는 마음을 무쇠처럼 굳게 먹을 수 있지만, 그렇게 함으로써 당신에게 꼭 필요한 진정한 지지자에게 당신은 벽을 쌓게 된다. "꽉 쥔 주먹이 할 수 없는 일은 돕는 손길을 받아들이는 일이다."(프레드릭 뷰크너)

♣

분명히 삶의 비결은 가능한 한 늦게, 젊은 상태로 죽는 것이다.

♣

짧게 보는 것이 아니고 긴 안목으로 보면, 삶은 우리가 쏟은 것을 되돌려주는 것만은 분명한 사실 같다. 세상을 불친절하게 여기는 이들은 그들 자신이 매우 불친절한 경향이 있다.

♣

자기가 공을 떨어뜨렸다면, 그 공이 어떻게 튀어 되돌아오는지에 대해 너무 불쾌해 하면 안 된다.

♣

나는 하나님의 힘은 우리의 골수 속에 숨어 있다가 우리 존재의 모든 섬유소에까지 스며들게끔 누르고 또 눌러서 그 힘이 진정한 위력을 발휘할 때까지 누르고 계신다고 확신한다. 그리고 하나님은, 흔히 설교자들이 가르치듯이, 우리에게 자기부정을 하라고 종용하시는 것이 아니라, 우리가 자아를 발견하고 자아를 실현하여 하나님께 헌신하도록 부추기는 것인데, 그 헌신의 최종 목적은 결국 인간의 삶을 완성하게 만드는 것이다. 이것이 바로 사도 바울이 "하나님은 우리의 가장 깊은 곳을 찾고 계신다."고 말하고, "하나님 나라는 말에 있지 않고 능력에 있다."고 말한 그 의미라고 생각한다. 이 능력과의 싸움에서 벗어날 수 있다고 생각하는 건 꿈일 뿐이다.

친구를 갖는 것과 친구가 되는 것, 성공을 하는 것과 성공적인 사람이 되는 것, 교육을 받는 것과 지혜로운 사람이 되는 것 사이에는 엄연한 차이가 있다. 만일 우리가 지식, 음악, 예술, 스포츠 그리고 특히 다른 사람을 사용한다면, 만일 우리가 그런 것들을 우리 자신을 부유하게 만드는 수단으로만 사용한다면, 역설적이게도 그건 우리 스스로를, 적어도 우리의 가장 중심을 가난하게 만들 뿐이다. 왜냐하면 그 모든 것이 그저 옷이 되어, 우리를 가려주기는 하지만, 우리의 내면적 존재를 발전시키지도 못하며 우리의 내면을 감동시키지도 못하게 되어, 눈에 띄는 것으로 거죽을 덮어야만 눈에 띌 수 있다고 믿는 사람처럼 되기 때문이다.

그러나 만일 우리가 예술, 음악, 스포츠, 지식, 특히 다른 사람들에게 우리 자신을 투신할 때, 우리는 "자신의 목숨을 잃는 사람은 얻게 될 것이다"는 성경의 진리를 체험하게 되며, 자신의 삶이 성취되는 것을 보게 되며, 기쁨이 자기 성취이며, 자기 성취가 기쁨임을 깨닫게 될 것이다.

♣

진정한 기쁨은 자아의 감옥에서 빠져나와, 우리 자신의 영혼의 한가운데나 다른 모든 것들의 본질 안에 머무르며 노래 부르는 생명과 사랑으로 연합하는 것이다. 진정한 기쁨은 우리의 자아의 문을 활짝 열고, 우리 거라곤 아무것도 없지만 모든 것이 우리에게 속해 있기 때문에 그 무한한 풍요 속으로 들어가는 느낌이다.

♣

우리가 가장 멋진 발을 앞으로 내뻗지만 정작 주의해야 하는 것은 다른 발이다.

♣

자연이나 또 다른 모든 피조물들과 친밀한 만남을 갖지 못하게 만드는 고통의 유일한 형태는 멍든 자아의 고통이다. 항상 자기중심적인 교만은 상처를 받는 것 외엔 아무것도 하지 못한다. 반면 고통의 다른 형태는 사심이 없는 용기를 뿜어낸다. 그런 고통의

176

경험들은 오히려 우리를 세상에서 우리와 같은 고통을 겪거나 더 큰 고통을 겪는 이들과 더 친밀한 연대감을 갖고, 우리 삶의 뿌리와 근원은 우리를 향한 하나님의 사랑이라는 것을 믿으며 사랑과 자비심의 지평을 넓혀가게 한다. "지식을 능가하는 그리스도의 사랑"을 아는 것만으로도 우리는 구름과 햇살 속에서 그 사랑의 풍성함을 전할 수 있다.

♣

시기하는 마음은 희열이라곤 전혀 없는 소위 일곱 가지 치명적인 죄 중의 하나이므로, 인간 본성을 드러내는 가장 좋은 사례 중 하나다. 정욕과 식탐은 즉각적인 희열을 준다. 그러나 시기심은 그렇지 않다. 끝없이 자기에게 고통을 주기만 하는 이 죄는 다른 어떤 죄보다 빨리 우리를 사로잡는다.

♣

이 세상에서 하는 선택에는 비극적인 요소가 이미 깃들어 있다. 우리는 선과 악 중에서 선택해야 될 뿐 아니라, 선한 것들 중에도 하나를 선택해야 하는데, 보다 더 선한 것을 선택한다는 것은 보다 덜 선한 걸 희생시켜야 된다는 뜻이다. 그러나 희생된 것이 아름다울 수 있으려면 우리가 더 선한 것과 희생된 것의 아름다움을 이해할 수 있어야 한다. 아주 잔인한 건 엄격한 금욕주의자들처럼, 흥을 깨는 사람이 즐거움 자체를 비난하듯이, 즐거움을 비난하는 일이다. 그러나 그것은 우리가 값진 진주를 찾고 있다면 이 세상의 많은 일들을 부드럽게 옆으로 밀쳐놓아야 하듯이, 즐거움도 그렇게 옆으로 살짝 밀쳐 두어야 한다는 것을 아는 것과는 큰 차이가 있다.

♣

악마는 우리에게 최선(the best) 대신에 선(the good)을 택하게 함으로써 우리의 가장 고귀한 사명과 타협하도록 항상 유혹한다.

♣

열두 제자들 중엔 그 누구도 교육, 재산, 사회적 지위에서 이른바 "기득권"을 가진 이가 없었다. 그들이 그처럼 평범했다는 것은 그리스도께서 비범한 사람을 찾고 계신 게 아니라, 평범한 일을 비범하게 잘 해내는 평범한 남자와 여자를 찾고 계시다는 뜻이다.

♣

딜레마에 빠졌을 때 최악의 상태는 그 문제를 미숙하게 해결해

버리고 마는 것인데, 그것은 우리가 불확실한 채로 살아갈 용기가 없기 때문이다.

♣

삶이라는 여정 중에 우리가 앞으로 나가지 않은 채 꼼짝달싹도 않고 그 자리에 빠져서 살아가고 있는 것은 우리가 헛된 향수병에 빠져 있기 때문일지도 모른다. 우리가 동경하는 지나간 멋진 날들이 지금보다 나아 보이는 것은 단지 지금처럼 향수병에 빠져 있지 않았기 때문이다.

♣

예수께서는 한번도 유혹에 항복한 적이 없었으므로 예수님은 한번도 유혹에 시달린 적이 없었다고 말하는 사람들이 있다. 하지만 적의 힘을 더 잘 알고 있는 사람은 누구겠는가? 적에게 항복한 사람일까 아니면 끝까지 싸워본 사람일까?

♣

세상의 불완전성을 알게 되면 슬픔을 느끼게 되며, 자신감도 훼손될 것이고 또한 굳게 믿었던 신뢰도 박살이 나게 될 것이다. 절망을 체득하게 될 것이다. 그러나 성숙해진다는 것은 절망을 타파하는 능력이 아니겠는가? 성숙해진다는 것은 일체의 절망을 몰아내는 법을 배워나가는 것이 아니고 무엇이겠는가?

♣

세상에서 제일 길고 고된 여행은 종종 머리에서 가슴까지 하는 여행이다. 그 왕복 여행을 마치기 전까지, 우리는 우리 자신과 전시 상태로 남아 있다. 그러니 자신과 그런 전쟁을 치르는 사람들은 친구와 사랑하는 사람까지도 그 전쟁의 사상자로 만들기 쉽다.

♣

우리가 일생동안 할 일은 우리 자신으로 무엇인가를 만드는 일이라기보다는 보람 있는 일을 찾아 그 일 속에서 우리 자신을 잃어버리는 일이다.

♣

삶의 현실이란 만일 우리가 노력을 통해 어떤 변화를 이루지 않는다면, 아무 노력도 하지 않음으로써 유별난 사람이 된다.

♣

이 세상에서 모든 죄인들을 제거할 수 없는 것은 이 세상을 성자들로 꽉 채울 수 없는 것과 같다. 샘 캔이 "모든 유토피아적인 계획에는 한 사람의 대심문관을 숨겨 놓고 있다."고 경고했듯이.

♣

어린애처럼 구는 것이 미성숙하다면, 어린이로 남아 있는 것이 성숙한 모습일 수도 있다. 예수님도 "누구든지 어린아이 같지 않으면 하나님 나라에 들어갈 수 없다"고 말씀하셨다. 이 성경구절을 논의하면서 성경 주석가들은 어린아이들의 자연스런 겸손, 기본적인 순종과 신뢰를 강조하는데, 나도 그에 반대하지는 않는다. 우리 모두는 조금 더 겸손하고 순종하며 신뢰함으로써 유익함을 얻을 수 있기 때문이다. 그러나 기독교인들은 하나님께 순종하는 것이 율법을 잘 지키는 것보다는 사랑에 철저한 것임을 깨달아야만 한다. 그러나 이들 주석가들이 왜 어린이들의 자연적 이상주의에 관해서는 말하지 않는 것일까? 즉 물개와 고래, 게다가 우리 모두를 구하기를 원하는 것은 바로 어린이들이기 때문이다. 보람 있는 일을 위해 과자를 팔고, 형제애를 위해 빵을 굽고, 환경 오염 문제와 싸우기 위해 푼돈을 모으는 것도 이들 어린이들이다. 전쟁에 반대하기 위한 걷기 행사를 여는 것도 이들 어린이들이다. 물론 우리는 그들을 격려한다. 우리는 그들의 관대함을 믿는다. 그러나 우리는 그런 관대함이 마치 어린애들의 팬티처럼 생각하여, 그들이 어서 더 크게 되라고 부추기는 것도 사실이다. 예수님은 아이들이 그렇게 크는 것을 과연 축복하실까?

♣

모든 것을 향유할 수 있는 삶이 우리에게 주어져 있는데도, 우리는 왜 삶을 향유하려고 모든 것을 소유하려고만 하는가?

♣

하나님은 생명의 원천이시다. 우리가 그분 이외에 다른 것을 신뢰하는 것은 우리 스스로를 파괴시키신다. 주는 게 즐겁지 않고 고통의 원인이 된다면, 부족한 건 돈이 아니라 우리의 신앙이다.

♣

슬기로운 사람은 어두운 시련을 기꺼이 받아들이면서, 어둠 속에서도 고양이처럼 잘 보는 날랜 능력을 발달시킨다. 그런 사람은 선과 악이 근친상간 관계에 있음을, 말하자면 악을 행한 자를 탄핵하는 것이 그 무엇보다 쉬운 일이며, 그 사람을 이해하는 것이 가장 어려운 일임을 아는 사람이다. 적을 탄핵해버리면 두말 할 것도 없이 감정적으로는 해소가 된다. 죄인들의 피 속에 의인이라고 우쭐거리게 만드는 의로움은 단지 감정적인 자기도취에 불과한 것임을 하나님은 아시지만, 그런 감정적인 자아도취는 영적으로 우리를 황폐하게 만드는 요소임도 알고 계신다. 또한 하나님께서 인간의 상황에 비추시는 빛 이상을 우리가 주장하는 것과 삶에 대한 편협한 비전을 영원한 진리라고 투사하는 것도 우리를 영적으로 황폐하게 만드는 요소다. 인생이란 그 초상화가 그저 그려지도록 빈둥거리며 앉아 있는 것이 아니며, 게다가 누구라서 그 반짝거리는 깊음을 포착할 수 있으리오.

♣

위선의 문제가 내겐 이제 조금 더 분명해진 것 같다. 물론 우리는 모두 자신이 아니면서 뭔가 특별한 것처럼 보이려는 경향이 있지만, 그건 자신과 아무런 관련이 없는 무엇은 아니다. 즉 일반적으로 우리는 자신의 정신과 가슴에 있는 특별한 무엇을, 우리가 갈망하는 그 무엇을 우리 자신인 양 드러내려 하며, 우리 너머에 있는 그 무엇인 체하려고 한다. 그게 차라리 더 눈물겹다.

♣

악에 대해서 격렬하게 반응하는 것은 새롭다기보다는 차라리 위로가 된다. 악에 대한 모든 것을 비극이라고 몰아붙이는 건 쉽다. 그러나 내 경험으로는 대다수의 사람들은 비극으로 인해서 생을 포기하기보다는 더 이상 경축할 만한 기쁨을 삶 속에서 발견하지 못했을 때 삶을 포기하는 것 같다. 그들은 어떤 상황에서도 인간의 삶은 의미를 갖지 않을 때가 없다는 걸 알지 못하기 때문이다. 재난이나 참사 같은 비극은 새로운 의미를 찾아내는 소중한 기회를 선사하며, 무엇이 중요한 것인지 새롭게 인식하게 해준다.

♣

미국 사회에서 우리가 믿도록 교육받은 것과 사회가 믿음으로 보상하는 것 사이에는 어마어마한 차이점이 존재한다. 인종에 대한 그 무시무시한 완악함을 생각해 보자! 우리가 인생의 대부분의 시간을 보내는 게임에서 성공했는지 실패했는지의 기준이 되는 건 확실히 돈이다. 이처럼 우리의 정체성을 확인해 주는 것은 돈인데, 그 돈과 비교하여 우리가 하나님 안에서 확인하는 자기 정체성은 단지 각주에 불과하다. 우리는 하나님과의 관계에서 성공적인 것보다는 경제적인 성공을 더 바란다.

♣

"누가 네 오른쪽 뺨을 치거든, 왼쪽 뺨마저 돌려 대어라." 이 말씀은 징 박힌 구두를 신은 사람들에게 우리가 마구 짓밟혀야 된다는 뜻은 아니다. 당신이 먼저 수그리기 전까지는 사람들이 당신을 완전히 깔아뭉갤 생각을 하지 않는다는 것을 나는 내 경험으로 안다. 그러므로 차라리 당신이 꼿꼿이 서 있는 편이 낫다. 다른 뺨마저 돌려 대라는 뜻은 "적대심을 꺼뜨리는 피뢰침이 되라"는 뜻이다. 당신이 모욕을 당하면 그 상대방이 당신의 상처를 보게 만들 일이지, 당신도 나서서 똑같이 보복하지는 말라는 뜻이다. 물론 매우 어려운 일이지만, 그런 일을 당할 때 심지어 분개하는 일조차 하지 않도록 시도해 보라. 왜냐하면 우리가 할 일은 서로에게 가슴을 열고 다가가는 일이지, 서로를 등지는 것이 아니기 때문이다. 적들이 희미해지면 삶이 더욱 강렬하게 빛난다는 걸 당신이 나보다 더 잘 알고 있지 않는가.

성경적인 관점은 지성(知性)이 하나님이 주신 가장 아름다운 선물들 가운데 하나임을 알게 한다. 지성은 결코 지나치게 훈련되는 법이 거의 없다. 선한 의욕도 결코 충분한 상태가 되지 않는다. 흥분상태에 빠진 무지한 군중은 가히 위협적이다. 그러나 정신은 최종적으로 유일한 도구이며, 두려워 떠는 사람이 정신을 이용할 때와 사랑하는 사람이 정신을 이용할 때엔 엄청난 차이가 있다.

♣

　마음과 정성과 힘을 다하여 주를 섬긴다면, 우리는 우리의 가슴을 활짝 펼치고, 우리의 정신을 활짝 열고 우리의 영혼을 힘껏 키운다. 이것은 우리의 나이가 칠십이든 스물이든 마찬가지다. 하나님은 협소한 정신 속에 머무실 수 없다. 하나님은 좁은 가슴에 머무실 수 없다. 하나님을 모시고 살기 위해서는 우리의 가슴도 정신도 분명히 광대해야만 한다.

♣

　종종 삶에서 우리가 속박당해 옴짝달싹 못하는 상태에서는 우리가 최소한의 저항을 받는 길을 선택하거나 혹은 선택 자체를 거부하기도 한다. 가장 단호해야 할 때, 우리는 수동적이 된다. 우리는 선택을 통해 선해져야 하며, 선택 자체를 거부하는 것은 그만큼 악이라고 생각한다. 사실 이 세상에 존재하는 많은 악은 아마도 우유부단함에서 비롯될 것이다. 한 나라를 선택의 자유가 풍성한 나라로 성숙시켜 가기 위해서라면 이 점이 중요하다. 선택의 능력을 상실한 사람에게 선택의 자유란 무슨 의미가 있겠는가?

♣

순응함이 제공하는 피난처를 박차고 나오는 건 멋지게 도전하는 방식이긴 하나, 순응을 거부하는 자유는 삶의 조건인 유한성을 우아하게 수락하는 것이다. 알베르 카뮈가 하나의 진정한 자유는 죽음과 타협하는 거라고 했던 말은 확실히 옳았었다.

♣

불평만큼 우리를 하나님과 우리들의 동료들로부터 분리시키는 건 없다. 하나님으로부터 벗어나고 싶으면, 돈과 지위 건강에 정신을 쏟되, 그 중에서도 특히 불평에 정신을 쏟으면 된다.

♣

예수님이 이 세상을 구원하는 일에 힘을 쏟는 대신에, 부모님과 그 당시 종교 당국자들 모두의 눈치만 보았더라면 아마도 그는 나사렛에서 제일 가는 목수가 되었을 거다. 우리 자식들이 부모들과 오늘날 종교 지도자들의 눈치만 보면서 조심하게 된다면, 그들도 모두 겉이 그럴듯하게 포장된 안전하고 예의 바르며 순종적인 시민들이 될 거다.

♣

우리는 살아오면서 좁고 안전한 충성과 하나님을 향한 충성 사이에서 겪는 갈등, 즉 가족에 대한 충성과 더 큰 가족인 세상에 대한 충성 사이에서 여러 차례 갈등을 겪었던 경험을 통해서 갈등의 어려움을 알고 있다. 예수님에게 그 갈등은 너무 치열했었던 게 분명하여 그의 생애의 가장 마지막 순간이었던 십자가 위에서나 풀렸다. "여인이여, 당신의 아들을 보라, 아들이여, 당신의 어머니를 보라."

그런 고통의 순간에 예수님의 지극한 효성이 실로 우리에게 깊은 감동을 준다. 분명히 요셉은 죽었고 마리아는 과부가 되었으며, 예수님은 어머니에게 신체적으로 건강하게 경제적으로도 풍요로움을 제공하고 계신다. 하지만 그 무엇보다도 예수님께서 그의 어머니께 영적인 풍요로움을 제공하는 방식을 보면 아주 흥미롭다. 즉 이제 마리아도 가족을 떠나 사랑 받는 제자 요한에게 간다. 예수님은 어머니더러 제자들과 합류하라고 권유하면서 어머니를 자신의 구원사역에 동참시킨다. 그럼으로써 어머니에 대한 충성과 하나님에 대한 충성 사이에서 겪었던 갈등이 비로소 해소된다.

이런 것들도 유념할 것들이다.

"사소한 차이들의 나르시시즘"(프로이드)

개가 항상 제 몸에 달라붙은 벼룩을 긁느라 멈추기만 한다면, 어디에도 갈 수 없다.

모든 길이 산 정상으로 통하지는 않는다. 어떤 길은 낭떠러지로 통한다.

하나님의 용서는 축복 이상이다. 그것은 도전이다.

행할 가치가 없는 일은 잘 할 가치도 없다.

"인간의 수고에 대한 최상의 보상은 그것을 통해 우리가 무엇을 얻는가에 있지 않고, 그것을 통해 우리가 어떤 사람이 되는가에 있다."(존 러스킨)

도전할 것을 그냥 지나치는 것은 소리 없이 부정직한 짓이다.

동료 인간에 대한 가장 단순한 친절이 정신을 정화시키는 것보다 중요하다.

두려움은 배움의 원수다. 두려움은 무식함에 힘을 준다.

하나님께서는 우리의 모습대로 우리를 사랑하시지만, 우리를 그 모습 그대로 내버려 두시기에는 우리를 너무 많이 사랑하신다.

"우리의 의심은 배신자들이다. 의심은 종종 시도 자체를 두렵게 만들어, 우리가 얻을 수도 있는 선함을 놓치게 만든다."(셰익스피어)

해돋이나 희망을 패배시킬 수 있었던 밤이나 문제는 결코 없었다.

교회

은총의 하나님, 영광의 하나님,
당신의 백성들에게 당신의 능력을 부으소서.
당신의 옛 교회의 이야기를 존귀하게 하시고
그 봉오리가 영화로운 꽃으로 피어나게 하소서.
저희에게 지혜를, 저희에게 용기를 주소서.
이 시간을 직면하도록,
이 시간을 직면하도록.
- 헨리 에머슨 포스딕

돌봄은 가장 위대한 일이다.
돌봄이 가장 중요한 문제다.
- 폰 휘겔 남작

흔히 교회(church)를 목발(crutch)이라고 말하곤 한다. 물론 교회는 목발이다. 대체 무슨 까닭으로 당신은 자신이 절룩거리지 않는다고 생각하고 있는가?

♣

하나님께서는 우리를 보호하시느라 우리가 손대지 못하게 만드시는 것들을 우리에게 지원하실 때에는 넉넉하게 제공하신다는 사실을 알지 못한다면 아직 기독교인이라고 자부하기에는 이르다. 이 세상 역시 하나님의 마음을 아프게 만들기 때문이다. 우리의 영혼이 견디지 못하는 고통, 우리의 몸을 손상시키는 연약함, 우리를 참담하게 만드는 슬픔, 이런 모든 아픔들에서 그 정도가 결코 덜하지 않은 것을 하나님 안에서도 찾아볼 수 있는데, 그분은 우리가 알듯이, 그리스도 안에서 우리를 위해 또한 우리와 더불어 고통을 겪으시는 분이기 때문이다. "이스라엘을 지키시는 이는 졸거나 주무시지 않는다." 때때로 나는 우리의 모든 이해를 넘어서는 것은 하나님의 평화가 아니라 그분의 아픔이라고 생각한다. 그러므로 교회에 나오십시오. 이 세상의 온갖 고통을 겪지 않도록 보호받기 위해서가 아니라, 그 온갖 고통 속에서도 하나님만이 제공해주실 수 있는 온갖 지원을 위해서 교회에 나오십시오. 그리고는 떠나십시오. 우리가 하나님의 집, 이 오픈 하우스에 오는 것은 교회에서 사랑을 경험하고 우리의 증오를 물리침으로써, 이 세상 자체가 오픈 하우스가 되도록 하려는 것이 그분의 뜻이기 때문이다.

♣

나는 중산층의 설교자와 그의 중산층 회중들이 자신들을 선뜻 십자가 주변에 모인 그 무리들과 동일시하는 게 어렵다는 걸 알고 있다. 그러나 오늘날 무리란 무산 계급일 수도 있고 중산층 계급일 수도 있으며, 자본주의적 집단일 수도 있고 공산주의적 집단일 수도 있음을 알아야 한다. 십자가 주변에 모인 무리들은 군중심리가 지배하는 집단, 즉 그 구성원이 더 이상 개별적으로 자유롭게 결정하고 행동할 수 없는 모든 집단을 뜻한다. 군중심리의 특징은 어떤 인물에 대해 쉽게 환호하고 점잖고 능률성을 보일 수 있는 것처럼 쉽게 무례하고 전혀 비능률적일 수도 있다.

♣

물론 교회는 보존할 것을 그토록 많이 갖고 있기 때문에 보수적이다. 그러나 교회가 세계의 운명에 대한 비전을 보존하게 하고 지나간 세계의 구조에 대해선 버리도록 하자. 그리스도를 기념하는 교회가 인류 역사상 악습을 뿌리 채 뽑아내는 가장 혁명적인 힘을 보존하고 있다는 사실을 기억케 하자. 모든 경계를 넘어서고 모든 장벽을 허문 분은 바로 그리스도이셨기 때문이다. 그는 부랑자들과 밥상을 나눔으로써 계급의 장벽들을 건너셨다. 그는 하나님의 뜻을 실천하는 대행자로서 사마리아인을 지목함으로써 민족들 간의 장벽도 허무셨다. 그는 안식일은 사람을 위해 있는 것이지 사람이 안식일을 위해 있는 것이 아니라고 선언함으로써 종교적 울타리들을 타파하셨다. 곳곳에서 그분은 자신의 자유를 드러내셨으며, 다른 사람들도 그들 자신의 자유를 실천하도록 부르셨다. 가족과 민족과 종교에 대한 충성심을 보다 넓은 세상에 대한 충성심으로 진화시켜 가자고 사람들을 불러내셨다. 자신의 근원에 대한 확신을 가지고 그 근원에서 나올 용기를 가진 사람이 존재한 적이 있다면 그분이 바로 그리스도였다.

♣

하나님의 피조물들에 대한 변색되었지만 아직도 반짝이는 이 경이감은 그것을 위해 싸울 충분한 가치가 있다. 어떻게 해서든 곤란한 일은 겪지 않으려는 친절함은 기독교인들이 지닐 태도가 아니다. 그렇다. 우리는 우리 자신의 삶을 통해 알고 있다. 하나님께서는 고통 당하는 사람들을 위로하시기 전에 안락한 자들에게 고통을 안겨주신다는 사실을 말이다. 그렇다면, 하나님의 이름으로 우리가 반드시 물어보아야 할 질문은, 왜 오늘날 우리의 교회가 혼란을 겪으며 활력이 없으며 겁에 질린 사람들을 구원하기 위해서 그 입으로 구원의 길을 선포해야 함에도 불구하고, 사람들을 달래고 웃기며 사소한 것들만 경건하게 만지작거리고 있는가 하는 것이다.

가라앉고 있는 배를 구하기 위해서는 모든 방법을 총동원해야 할 필요가 있다. 기독교인들은 그리스도에 대한 헌신에 관해 말장난하지 않도록 하자. 우리의 문명을 문명답게 보존하기를 갈망하는 모든 사람들, 곧 우리의 문화 속에 사람의 특질을 불어넣고, 장사하는 일 속에 인간다움을 불어넣고, 인생 길에서 표류하고 있는 수백 만 명의 사람들 속에 생명을 불어넣기를 원하는 사람들은 그리스도께서 몸바치셨던 일에 자신의 몸을 바치도록 이끌며, 만일 그들이 몸바칠 뜻이 있다면, 그 일을 성취하실 수 있는 지도자는 바로 그리스도임을 깨닫도록 하자.

♣

40여 년 전에 독일 교회가 너무 뒤늦게 깨달은 다음과 같은 사실을 우리도 반드시 깨닫기 위해 최선을 다해야만 한다. 즉 신앙을 고백으로 저항하는 것은 충분하지 않고 저항을 함으로써 우리의 신앙을 고백해야만 한다.

♣

　교회는 사회 속의 모든 기관들 가운데, 다가오는 하느님 나라에 대한 메시지를 해석하며 선포한다. 교회는 예수를 우리 문화에서 존경받을 만한 중산층의 기둥으로 왜곡할 수도 있으며, 예수의 이미지를 성공지향적 인생관을 지지하는 종교적 우상으로 둔갑시킬 수도 있지만, 교회가 예수를 망각할 수는 없다. 교회가 예수를 순하게 길들이기 위해 최선의 노력을 다 한다 해도, 교회는 그분의 메시지가 조만간 재발견되리라는 사실을 알고 있으며 흔히 그 사실 때문에 두려워한다. 교회는 예수라는 이름을 계속해서 간직할 수밖에 없으며, 그분의 이름을 기억하는 곳에는 희망이 있다.

♣

　성만찬은 희망에 대한 내 타는 목마름을 해갈시켜준다.

♣

　리버사이드 교회에서 영아세례를 주는 동안, 나는 아기를 내 팔에 안고 이렇게 말한다. "아기야, 너를 위해서 예수님이 오셨고, 싸우셨고, 수난을 받으셨다. 너를 위해서 그분은 게쎄마네 동산의 어둠을 참으셨으며, 갈보리산에서 극심한 고통도 견디셨다. 너를 위해서 그분은 죽음을 이기셨고, 아기인 너는, 이 모든 것을 아직 깨닫진 못하지만 사도의 말에서 이것은 증명되었다. '우리가 하나님을 사랑하는 건 하나님이 먼저 우리를 사랑하셨기 때문입니다.'라고. 그리고 나선 어린 아기에게 세례를 주며 나는 아기의 이름을 부르며, "성부와 성자와 성령, 우리 모두의 어머니인 한 하나님의 이름으로 너에게 세례를 주노라" 하고 말한다.

♧

교회는 두려움으로 가득 찬 세상의 방식으로 말하고 생각하고 행동하는 곳이 아니라, 하나님의 방식으로 생각하고 말하고, 행동하려는 곳이다. 교회는 사랑 안에서 하나를 이룬 형제자매가 쉴 수 있고, 치유되고, 방어적 태도를 풀어 긴장과 걱정에서 해방되어 마음껏 웃으며 마음껏 우는 사랑을 위한 공동체다.

♧

대부분 교회라는 배는 암초에 걸리는 걸 싫어해서 폭풍이 거센 바다로 항해하려는 마음을 접고 차라리 닻을 내리고 편안히 항구에 정박해 있기를 더 좋아한다. 그러나 그건 신자들이 교회를 하나님의 도구나 하나님의 일을 맡은 대행자로 생각하는 대신에, 우리가 사랑할 하나의 대상으로서 교회를 바라보기 때문이다. 신앙은 수동적일 수 없다. 교회는 양심을 공격하고 상상력에 자극을 주면서 앞을 향해 나가야만 한다. 신앙은 죄의 불을 묻어버리는 만큼 창조력이 활활 불꽃을 피울 수 있도록 부채질해야 한다.

♣

정말 너무나 많은 기독교인들이 스스로 약해지기 위해 절대적인 힘을 행사하는 하나님을 찾지만, 정작 그리스도 안에 계신 하나님 자신은 우리를 강하게 하기 위해서 스스로 약해지셨다. 한편 근본주의자적 신앙관을 가진 사람들은 불확실성에 대한 불안감에서 벗어나기를 몹시 바라기 때문에, 심리학자들이 "미숙한 폐쇄"라고 부르는 것과 같은 심리적 확실성을 갖는 예를 볼 수 있다. 그들은 신앙을 사고(思考)의 대체물로 착각하지만, 실제로 신앙이 사고를 올바르게 만든다. 또 다른 신자들은 세상 속에서 맛보는 좌절로 인해서 고통을 당한다. 그러나 그들은 자신들의 패배를 하나님께서 항상 자기들을 위해 계획하고 계신 승리의 기회로 바꾸려 하지는 않은 채, 자신들의 패배를 보상받겠다고 교회의 잔디를 움켜쥐고 평생 동안 그 잔디에 매달려 있으려 한다.

♣

교회, 목사, 평신도 모두 자극이 필요한 까닭은 우리들 모두 하나님의 말씀을 너무 빨리 순하게 길들이기 때문이다. 큰 문제를 다루기 위한 우리의 정열이 부족하게 되면, 우리는 사소한 일들에 쉬이 매혹되어 버리고 만다.

♣

교회가 자기를 낯선 땅에 체류하는 이방인으로 여긴다면, 기성체제를 지지하는 교회가 될 수는 없다. 너무도 많은 교회들이 그리스도 자신이 직접 설파했던 하나님 나라로부터 그리스도를 분리시켜 버리는 설교를 한다. 또한 너무도 많은 신자들이 오늘은 "당신의 나라가 임하소서!" 하고 기도하다가도, 내일이면 곧 하나님 나라가 오는 것을 방해한다. 사회의 기성체제를 공격하는 사람들은 그 체제를 옹호하는 사람들만큼 종교와 정치를 혼합시키지 않는다. 브라질의 레시페의 주교로서 빈민들의 친구라는 까닭에 브라질 정부와 심각하게 충돌을 가졌던 돔 헬더 카마라 주교에게 2년 전 이 교회에서, 한 기자가 그는 종교를 정치와 혼합을 시켰던 건 아닌지 물었다. 카마라 주교는 "로마 가톨릭이 정부와 한 이불을 덮고 동침을 하고 있을 때에도 누구도 '교회는 종교를 정치와 혼합시킨다'고 말하진 않았다"라고 대답했었다.

물론 교회들은 자기 나라 정부와 더욱 격렬하게 싸워야만 한다. 이스라엘의 예언자들이 앗시리아의 수많은 죄에 대해 괘념치 않았던 것은 예수님이 로마제국의 죄악에 대해 거의 괘념치 않았던 것과 같다. 마찬가지로 우리도 소련의 수많은 죄에 대해 괘념치 말아야 한다. 소련 정부가 저지른 끔찍한 일들 가운데 미국인 한 사람의 이름으로 저지른 것은 하나도 없지만, 미국 정부가 저지르는 모든 일들은 모든 미국인의 이름으로 저지르고 있다.

♣

최종적으로 중요한 것은 성경 본문이나 교회의 교리들이 우리로 하여금 믿는 편이 좋다고 가르치는 것들이 아니라, 인간성, 이성, 정의, 그리스도의 사랑이 우리로 하여금 믿어야만 한다고 가르치는 것들이다.

♣

내게는 한 교회에 등록한다는 것은 자기의 집과 고향을 떠나 더 큰 세상에 등록한다는 것으로 여겨진다. 온 세계는 당신의 새 이웃이고 그 안에 사는 모든 이들, 흑인, 백인, 황인종, 공산주의자, 배부르거나 굶주리거나, 똑똑하거나 바보거나, 권력이 있거나 없거나, 죄인이거나 자긍심이 있거나 미국인이건 러시아인이거나, 모두 예수 안에서 새 가족으로 만난 형제자매가 된다. 한 교회에 등록함으로써 당신은 당신이 가장 근원적인 방법으로 가장 넓고 큰 공동체의 일원이 되었다는 걸 선언하는 것이다.

♣

　교회는 "하나님과 국가"(God 'n country)가 한 단어가 아니라는 사실을 지적해야만 하는 특별한 의무감을 갖고 있으며, 우리나라의 의미나 그 운명에 관해서 좀더 높은 꿈을 불러일으켜 주어야 할 특별한 의무감을 갖고 있다.

♣

　나는 우리나라에 있는 종교 공동체들이 국가안보라는 팥 죽 한 그릇을 위해서 자유와 정의라는 우리의 천부적인 권리를 팔았다는 사실을 사람들에게 분명하게 설득시키기를 기대한다. 국가안보, 곧 "당신들의 안보를 위협함으로써만 우리의 안보가 지켜질 수 있다"고 말하는 국가안보는 이제 "모두가 안전하지 않으면 아무도 안전할 수 없다"는 공동안보의 종교적 비전과 조화를 이루는 것으로 바뀌어야만 한다.

♣

　진리보다는 확실성을 더욱 선호하는 사람들이 있다. 그런 사람들은 교회 안에서 사랑의 고결함보다는 교리의 순수성을 앞세우려 한다. 제한 없는 사랑과 제한된 확실성을 갖는 것이 훨씬 관대하며 훨씬 기독교적인 것임에도 불구하고, 제한 없는 확실성과 제한된 사랑을 갖는 것은 얼마나 복음을 그 반대로 왜곡하는 꼴인가!

♣

그리스도께서 보시기에는 내부인도 외부인도 없다. 왜냐하면 결국 우리는 한 본성과 한 몸이며 한 슬픔과 한 희망을 갖고 있기 때문이다. 또한 그리스도께서 보시기에는 만일 우리가 사랑에 실패하면 우리는 그밖에 모든 것에도 실패하는 것인데, 이것은 열정에 흠이 있는 것은 머리에 흠이 있는 것보다 덜 비참한 것이라는 뜻일 것이다.

♣

무척 예민한 비신자들을 교회로 올 수 없게 만드는 장애물은 예수가 아니라 신자들이며, 하나님이 아니라 고통 때문이다. 또한 세상에서 매우 풍요한 교회들이 이웃의 고통을 함께 짊어지려는 노력을 외면하기 때문이다.

삶에서 우리의 유일한 안전은 불안전을 기꺼이 안고 사는 데 있다. 예수 그리스도를 믿는 것은 위험들을 감소시키는 것과는 전혀 상관이 없으며, 그런 위험들, 심지어 지적인 불확실성의 위험까지도 기꺼이 감수하는 용기를 불러일으킨다.

♣

우리의 교회들이 겁먹은 시민들을 위한 도피처가 아니라 용기 있고 창조적인 교회가 되는 것은 매우 중요하다. 왜냐하면 겁먹은 시민들을 위한 도피처가 된다는 것은 우리나라에서 새롭게 등장하는 파시즘을 지지하는 권위적인 인물들과 운동들을 모집하는 장소가 된다는 말이기 때문이다.

♣

우리 교회에서 편안함을 느끼는 수많은 신자들은 사실상 하나님에게서 멀리 떠난 사람일 수도 있다. 칼 바르트가 예리하게 지적했듯이 "많은 사람들이 하나님께 맞서 마지막 저항을 하기 위해서 교회에 나간다."

논쟁을 끝내려고 성경을 들먹이는 건 좋지 않다. 성경은 논쟁을 개시하려고 애쓴다. 하나님은 가벼운 고삐로써 이끌기 위해 우리에게 두뇌를 주셨다. 예수님이 비유를 통해서 말씀하신 것은 비유 속의 이야기에는 내레이터에게 지워졌던 책임을 청중의 책임으로 돌려놓는 힘이 있기 때문이다. 신자들은 성경의 말씀뿐 아니라 이 세상에 대해서도, 즉 과학과 역사, 이성과 우리 자신의 경험에서 얻은 교훈과 같은 것들에도 똑같이 귀를 기울여야 한다. 우리가 세상에서 찾아낸 진리들을 무시한다고 해서, 예수 그리스도 안에서 찾아낸 더 높은 진리를 영예롭게 하는 것은 아니다.

♣

예언자적 소수가 반드시 해야 할 일은 무엇인가? 예레미야와 모든 예언자들이 그랬던 것처럼, 권력자들을 향해 진리를 외침이 그들 본래의 소명이다. 정부도 개인과 마찬가지여서, 자신들에게 분노를 일으키는 일들은 지나치게 단순하게 처리한다. 그리고 정부들이 이념에 따라서 하는 행위들은 그 자체의 인식을 왜곡시키고, 윤리적인 민감성을 죽인다.

♣

우리는 문화를 단지 반영하라고 소명을 받은 게 아니고 문화에

도전하도록 부름 받은 것이며, 기성체제를 현상 유지시키는 것이 우리의 소명이 아니며 그걸 뒤집어엎는 것이 우리의 소명이다. 만약에 그 말이 너무 대담하고 모험적이게 들린다면, 하나님은 항상 우리가 정말로 그곳에 가 닿기를 바라는지 확신할 수 없는 지평선을 향해 우리를 부르고 계시는 게 사실이 아닌가?

♣

많은 사람들은 그 변화가 어떤 것이든 변화라면 무조건 심한 알레르기 반응을 일으킨다. 그 결과 인간의 역사를 통해서 체제에 타협치 않던 사상들은 어김없이 불관용의 대상이었다. 종교의 역사에서 이런 불관용은 신자들이 세상을 경건한 자와 불경한 자로 양분하려 했던 순간엔 그 어느 때보다 특히 심하게 그악해졌었다. 또한 불경한 자들에 대한 그들의 증오심은 그들이 도덕적으로 타락했기 때문이 아니었다. 그들이 그것을 자신들의 의무감, 곧 참된 신자에게 맡겨진 중요한 책임으로 생각했기 때문이다.

♣

성경은 "도덕적 다수"에 대해서 아무것도 모른다. 성경은 다수의 의지와는 반대로 개인의 양심이 인류의 보편적 양심을 가장 잘 드러내는 것으로 간주한다. 또한 성경은 예언자적인 소수가 침묵하는 도덕적 다수보다는 오히려 한 민족을 흔들어 깨우는 말을 서슴없이 했었다고 강조한다. 사실 성경 속의 다수는 그런 예언자들을 돌로 쳐죽이곤 했던 무지몽매한 인간들로 그려지고 있는데, 이런 사실은 민주주의가 국민들의 입증된 선함에 근거하기보다는 독재자들의 입증된 악에 더욱 근거하고 있음을 보여 준다.

♣

만일 우리가 사랑 안에서 아직 하나를 이루지 못했다면, 분명코 우린 아직 죄 속에서 하나다. 죄야말로 우리를 하나되게 하는 환상적인 유대를 형성한다. 심판을 통해서도 따로 분리될 가능성을 죄는 이미 가로막기 때문이다.

♣

여성 안수에 대한 반대론자들에게 나는 한 번도 설득당한 적이 없다. 바티칸은 열두 제자들 가운데 애초부터 여성은 없었다고 강력하게 주장한다. 글쎄, 그럼 이방인은 있었단 말인가? 언젠가 로마 가톨릭 신자 한 사람이 이렇게 물었다. "마리아가 그녀의 몸 안에 주님과 구세주를 잉태하고 있었다면, 한 여성이 그녀의 입술로 그분의 말씀을 전하지 못하란 법이 어디 있단 말인가?"

♣

　가장 고통스럽게 변화를 겪는 한 사회의 변화에 대해서 말하려면, 직업에서의 청지기 의식뿐만 아니라 공적인 영역에서의 진정한 청지기 의식에 대한 언급부터 해야 한다. 우리 시대의 매우 중요한 결정들, 곧 전쟁 혹은 평화, 자유 혹은 전체주의, 인종평등 혹은 차별, 동성애 찬성 혹은 반대, 풍요나 기아 등과 같은 결정들은 모두 정치적인 결정들이다. 신자들에게 정치적 결정들은 그들의 신앙의 중심에 있지 않고 주변부에 있다. 그러나 주변부가 없이는 중심도 존재할 수 없다. 주변부가 없는 중심은 어법상으로도 모순이다. 예수 그리스도를 믿는 것과 그 신앙을 정치적으로 적용시키는 일은 하나의 원처럼 같은 순환 속에 있다.

　이처럼 신앙과 그 정치적 적용 사이를 구분하거나 그 일치를 강조하는 것은 거의 전적으로 상황에 달려 있다. 당장의 정치적 현안들이 모두 교회의 결정을 요구하는 건 아니지만, 나는 교회는 절대로 이기적인 목적을 꾀하거나 편협하기 짝이 없는 정치적인 목표를 추구해서는 안 된다고 생각한다. 나는 신자들이 이혼이나 낙태에 관한 자신들의 신념을 관철시키기 위해서 주법이나 연방법으로 법을 제정하려는 모습에 혐오감을 느낀다. 또한 일요일에는 일이나 오락을 해서는 안 된다고 금하는 엄격한 청교도 법을 제정하려고 투쟁하는 신자들과, 공립학교에서 기도를 실시하고 진화론을 제거하려고 싸우는 신자들이 딱하다.

그와 달리 나는 가난한 사람들과 소외 받는 사람들의 권익보호를 위해서, 저소득 계층의 주택문제 해결을 위해서, 또는 노인들의 좀더 품격 높은 건강보험 수혜를 위해서, 소수자들에 대한 동등한 대우와 모든 이들이 누릴 평화를 위한 투쟁에 가담하는 신자들을 볼 때 행복하다. 만일 그들이 자신들이 헌신하는 문제들 이외에도 많은 심각한 문제들이 있다는 사실과, 불의와 전쟁 등의 심각한 문제들에는 단 하나의 해결책만이 있는 것이 아니라는 사실을 항상 기억하고 있다면 말이다. 그러나 무엇보다도 별로 안전하거나 건전하지도 않은 이 시대에, 나는 신자들이 이 시대의 지배적인 문화로부터는 최소한의 지원만 기대할 수 있는 때에 예수 그리스도에 대한 최대한의 충성을 감행하는 신자들을 만나게 되면 무척 행복하다. 이런 말을 하는 나는 가슴 속으로 예언자 나단이 다윗 왕에게 했던 것, 곧 권력 앞에서 진실을 말했던 것을 생각하고 있다.

♣

신자들에게 핵심적인 메시지는 이것이다. 예수께 아주 조금의 도움을 요청하면 그 보답은 바다만큼 돌아온다는.

♣

역설적이게도 우리가 혼자서 강하고 자유로우며 또한 성숙하게 지내는 법을 배우는 곳은 다른 곳이 아닌 교회다. 마치 우리가 타인과 조화롭게 더불어 사는 법을 배울 때가 바로 혼자 살 때이듯이 말이다. 홀로 살아가는 것과 공동체와 더불어 살아가는 것 사이엔 흥미로운 연관성이 있다. "홀로 있을 수 없는 사람에게 공동체를 맛보게 하고, 공동체와 더불어 살지 못하는 사람에게 혼자임을 맛보게 하라."(본회퍼)

♣

교회는 모든 가슴들을 하나로 되게 하며 그 외의 다른 무엇은 하나가 되지 못하게 하는 곳이다. 교회는 우리들 각자의 독특한 개성적인 자아가 그대로 수용되는 분위기를 가진 곳이다. 교회는 우리의 지속적인 폐쇄성과 연약함과 미숙함을 서로 서로 나눔으로써 자유롭고, 강하고, 성숙해지는 법을 배워나가는 곳이다. 교회는 우리가 서로를 그토록 사랑하기에 우리가 홀로 살아가는 것을 견딜 수 있게 되는 곳이다.

♣

오늘날 미국 교회의 핵심적인 문제는 대부분의 사람들이 병든 상태보다 치유를 더 꺼린다는 사실이다. 우리는 우리가 치유될 수 있다는 환상적인 진실보다는 치유될 수 없다는 그럴듯한 거짓말을 더욱 선호한다. 그러는 데는 그럴 만한 이유가 있다. 즉 죄책감이 끔찍한 지옥이라면, 책임감(response-able, "응답할 수 있는" 능력), 즉 하나님의 환상적이고 창조적인 사랑에 응답할 수 있는 능력인 책임감은 분명히 죄책감보다도 훨씬 더 끔찍한 일이기 때문이다. 왜냐하면 우리는 더 이상 마비되지 않은 우리 팔을 뻗어 부랑자와 원수, 마약중독자와 지독한 빨갱이들까지 포옹할 만큼 자유롭기 때문이다. 더 이상 마비되어 딱딱하게 굳어 있지 않은 우리의 발은 이웃들에게 해롭고 우리에게 아무런 의미가 없는 일터를 박차고 나와, 악에 대한 공포심이 없이 그 외로운 골짜기를 걸어다닐 만큼 자유롭기 때문이다. 더 이상 출세 따위에 시선을 고정시키지 않은 사람의 눈에는 모든 것이 가능한데, 그의 눈은 이제 한 번도 들어본 적이 없을 정도로 엄청난 자유와 생명을 주시는 분의 시선에 사로잡혀 있기 때문이다.

그러나 마음껏 자유롭게 내뻗은 사랑의 손길은 항상 상처로 뒤덮여--비록 십자가에 못이 박히지는 않더라도--되돌아오기 때문에, 치유를 거부하는 것이 시쳇말로 바보짓은 아니다. 마비된 상태로 깔개 짚새기 위해 남아 있는 것도 바보짓은 아니다. 그러나 그건 너무 따분한 짓인 것이 사실이다. 그러나 오호통재라! 우리나라의 대부분의 기독교인들은 그들이 목사이건 평신도이건 간에 여전히 짚새기 위에 머물러 있다. 마치 중풍 병자처럼, 그들은 적어도 막연하게나마 죄인들임을 알고 있다. 그러나 그들은 치유되려는 의지도 없고 건강해지려는 용기도 없이, 새로운 삶의 방식을 제공하는 용서를 구하지 않고 있다. 대신에 그들은 처벌을 구하고 있다. 즉 자신들의 죄의식을 달래면서 예전의 생활방식을 다시 견딜 만한 것으로 만든다. 그리고 그들은 이런 처벌을 지루한 설교와 예배 속에서 발견할 뿐만 아니라, 자유로우며 사랑하는 사람이 될 수 있는 자신들을 야비하고 쪼잔하며 콧대만 높은 퓨리탄으로 만드는 율법주의와 도덕주의의 종교 속에서도 발견한다.

♣

역사의 흐름은 우리가 즐겁게 여기던 것들과 지지하던 것들에 대한 사랑과 신뢰로 돌보던 것들을 그 흐름 앞에서 재빠르게 위협하며 휘저어 놓으므로, 그럴 때마다 용기야말로 가장 중요한 덕목이 된다. 항상 우리는 엄청난 불안을 지닌 채 살아가라는 부름을 받고 있다. 창조적이고 용기 있는 생각을 할 수 있는 중심지가 바로 교회이면서도 동시에 교회는 이미 부상하는 파시즘의 특징을 지닌 독재적인 인물과 독재적인 운동의 근거지를 계속 제공해 줌으로써 두려움에 찬 우리들의 성역이 될 수도 있다.

우리는 죽을 만큼 두려운가 아니면 살 만큼 두려운가? 우리가 궁극적인 안전을 어디서 찾는가에 따라 그 대답은 달라진다. 라이프찌히에서 마틴 루터에게 사람들이, "마틴 형제여, 교회와, 군주들, 그리고 군중들이 당신을 배반한다면 당신은 어디에 있을 겁니까?"라고 물었을 때, 루터는 "물론 그때도 지금처럼 전능하신 하나님의 손 안에 있을 거지요."라고 대답했었다.

♣

나는 악의 본질은 아닌 척 하며 꾸미는 데 있다고 생각한다. 악한 일을 한다고 해서 한 사람이 악해지는 건 아니다. 하지만 악한 걸 선하다고 할 때, 꾸민 것을 믿을 때, 그때 문제가 실제로 발생하기 시작한다. 그럴듯하게 꾸미는 것이 악의 본질이라면, 종교적으로 경건의 옷을 입고 꾸미는 것이야말로 가장 확실한 위장일 것이다. 종교적인 확신에 차서 악을 행할 때만큼 밝고 명랑하게 악을 행하는 경우는 없다. 이 세상의 모든 종교 기관들 속에서 벌이는 노골적인 악만큼 기적적인 것이 있을까.

♣

가난한 사람들을 굶주리게 하는 자들에겐 영생이 없다. 그런 사람들은 뽐내지도 말아야 하며, 신자일 수도 없다. 오늘 "당신의 나라가 임하옵소서" 하는 기도들 드리는 사람들이 내일이면 하나님 나라가 임하지 못하게 훼방 놓는 기도를 드린다. 그런 기도를 하나님은 어떻게 모른 척 하셔야만 하실까? 그리고 저 멀리 보이는 십자가 위로 올라가 그 위에 오래 매달려 계신 한 분을 짓밟는 신자들의 모습을 어떻게 하나님은 모른 척 하셔야만 하실까?

♣

　설교자들이 모든 문제들에서 마치 주님을 위해 아마겟돈 전쟁을 치르듯 자신의 입장을 밝히는 것은 옳은 일이 아니다. 관용이 복잡다단하고 어려운 일이라는 것쯤은 나도 안다. 관용이란 실제로 그저 너무 넓은 아량을 갖는 것으로서 당신의 뇌가 뿔뿔이 떨어져 나가는 것이라고 생각하는 사람들도 있지만, 나는 교회 안에서 불관용이 퍼져가고 있는 것을 좀 우려하게 된다. 도덕적으로 분개하는 미덕이 도덕주의의 악으로 둔갑하는 것도 우려가 된다. 역사적으로 도덕주의는 미국이 가진 큰 결점 중 하나였다. 미국의 도덕주의는 현실을 선악의 양극단에서만 인식하려는 경향 때문에, 좀 미묘하고 복잡함을 요구하는 판단은 우유부단하거나 무가치한 것으로 여기며 어떠한 모호함도 참아내지 못한다. 도덕주의자가 되려는 유혹이 우리에게 강한 까닭은 우리에게 문제가 생겼다고 생각하기보다는 우리에게 원수가 생겼다는 것이 우리를 감정적으로 더욱 만족시키기 때문이다. 또한 제도 안에 깃든 구조적 결함을 찾아내려는 노력보다는 그 제도 안의 죄인들을 물색해내는 것이 감정적으로 더욱 만족시키기 때문이다. 죄인의 핏 속에 흐르는 의로움을 의로 착각하는 인간의 감정적인 만족감을 알고 계시는 하나님은 그 감정적인 만족감이 인간을 영적으로는 황폐하게 만든다는 것도 아신다.

♣

몇 년 전 내게 충고를 하나 해주고 싶다고 찾아온 어떤 신입생이 생각난다. 무슨 충고인가 내가 묻자 그는, "저, 목사님, 진실하기에 듣기에 거북하고 고통스런 말을 해 주실 땐, 좀 부드럽게 말씀해 주세요."라고 말했다. 즉 상처를 주지 않고 치유시키는 말, 곧 사랑으로 말하자.

♣

목사는 강대상을 두들기며 설교하면서도 이것저것 모험도 하는 탐험가가 되어야 한다. 자주 성령으로 오해받는 엄청난 에너지가 아주 많은 목사들에게 넘치는데 그런 에너지는 지혜를 대신할 수 없다. 지혜는 파스칼이 지적한 것처럼, 인간은 "어느 한 극단에 서 있음으로써 자신의 위대함을 드러내는 것이 아니라, 그 양 극단 모두를 동시에 포괄함으로써 그의 위대함을 드러낸다."

♣

오늘날의 허다한 목사들과는 대조적으로 예수님은 "원수를 사랑하라"는 말이 "적을 만들지 말라"는 뜻이 아니라는 걸 아셨다.

♣

부드러움이 자신들의 비겁함을 상쇄한다고 생각하면서 겉으로 부드러움을 포장한 비겁자들이 거의 모든 교회 안에 존재한다. 그러나 부드러움은 비겁함을 상쇄시키지 못한다. 20세기의 모든 정치적 사회적 운동들이 보여주었듯이, 사랑은 불의에 대항할 것을 우리에게 끊임없이 요구한다. 교회가 강조하는 자선이란 사회의 기존체제에 어떤 영향도 끼치지 않기 때문에, 교회는 당장 정치적 대결구도로 이끄는 정의의 문제보다 자선을 대단히 선호한다. 따라서 나는 자선을 들고 나오는 교회들은 실패할 거라고 믿는다. 동료 목사들이여, 가능한 한 양떼를 돌보는 목자가 되도록 애를 쓰되 윤리적인 주도권은 결코 양보하지 말지어다.

♣

나는 설교자들이 우리 시대의 애매모호함과 감히 맞붙기를 바란다. 오늘날의 변화란 화살과 같이 빠르다. 역사의 흐름은 급류로 바뀌면서, 오래 동안 우리가 우리들의 삶의 통로라고 표시해두었던 익숙한 부표들을 일순간 쓸어버리고 있다. 그리고 우리가 국가라는 배를 보면, 우리의 배이든 다른 누구의 배이든 간에, 우리가 보고 듣는 것은 모두 그 돛이 찢어져나가고 그 밧줄들이 끊어지고 있는 것 같다. 이처럼 무질서하고 두려움에 찬 세상에서는 사람들은 분명하고 깔끔하며 쉬운 답을 원하게 됨은 두말할 나위가 없다. 그러나 설교자들의 임무는 사람들이 원하는 답을 해주는 것이 아니라 오히려 그들에게 필요한 답을 해주는 것이다. 사람들에게 삶의 뻔한 사실을 그저 다시 늘어놓아, 단지 무감각하게만 만드는 단순한 대답이 불필요한 것만은 분명하다. 과도한 설명으로 시작한 대답은 극히 간단한 해명으로 끝을 맺게 마련이다.

♣

어느 목사들의 그룹에나 "나는 위대한 예언자는 아니다. 나는 사회적인 문제에 큰 관심을 기울이진 않지만 그래도 나는 꽤 괜찮은 목사다."라고 말하는 목사들은 언제나 있다. 그런 소리를 들을 때마다 나는 그게 사실이 아니라는 걸 알아서 겁이 난다. 가슴이 따뜻한 신자들에게 냉전(冷戰)이 얼마나 끔찍한 일이었던지 깨닫지 못하는 목사가 어떻게 좋은 목사라고 자처할 수 있는가? 교회의 살 속에 박힌 가시와 같은 동성애공포증에 대해 어떤 도전도 하지 않은 목사가 어떻게 훌륭한 목사라고 자처할 수 있는가?

♣

나는 텔레비전 황금시간대의 설교자, 이른바 "전자교회"의 부흥사들, 소위 도덕적 다수의 지도자들에게 약간만 더 "공포와 전율"을 가지고 그들의 구원사업을 하라고 전하고 싶다. 나는 성경에는 적어도 모든 중요한 대답이 다 들어있다는 걸 알고 있지만, 성경의 내용을 자기 자신의 삶 속에서 체험하거나 최소한이라도 그 내용을 실천하지 않고서는 성경을 이해할 수 없다는 사실을 주장하는 것이다. 성경도 다른 모든 책처럼 우리를 되비춰 주는 거울과 같은 책이다. 나귀가 거울을 들여다보고, 그 거울 속에서 사도(使徒)의 얼굴을 볼 수 있게 되길 기대할 수는 없다는 말이다.

♣

좋은 설교란 과연 무엇일까? 좋은 설교는 사람을 향해서 하는 것이 결코 아니다. 사람을 위해서 하는 것이다. 좋은 설교는 모든 사람들의 삶의 체험에서 우러나온 지식을 단지 의식화시키는 것이다. 좋은 설교는 사람들의 가슴 깊은 곳에서 이미 알고 있는 것을 말해주며, 그들이 영혼 깊은 곳에서 다시 확인 받고 싶은 말씀을 들려준다. 말하자면, 귀가 말을 필요로 하고, 말은 들을 귀가 필요한 것처럼, 좋은 설교는 무언가 더 의미 있는 것을 동경하는 사람들, 무엇인가 더 특별한 것이 있으리라는 걸 알고 기대하는 사람들에게 들리는 말씀이다. 러시아의 대 신학자인 베르자예프가 말했듯이, 좋은 설교는, 일단 빵이 보장되면, 하나님이 힘든 현실로부터의 피난처가 되시는 게 아니라, 하나님이 힘들고 도망칠 수 없는 바로 그 현실이 된다는 말을 이해할 수 있는 사람들을 필요로 한다.

♣

교회는 굶주린 이들을 먹어야 하고, 헐벗은 이들을 입혀야 하며 집이 없는 이들에게 피난처를 마련해 주어야만 한다. 그러나 또한 교회는 집 없는 자들에게 주어야 하는 것이 집이지 피난처가 아니라는 사실도 반드시 기억해야만 한다. 가난하고 억눌린 사람들에겐 한 움큼의 적선이 아니라 전적인 사회정의가 필요한 것이다.

♣

모든 신학대학원 졸업생들이 다 예언자가 될 필요는 없다. 사람들은 자신들에게 맞설 예언자들을 필요로 하는 만큼 또한 자신들과 함께 옆에 서 있어 줄 사제들을 원한다. 그러나 "서로의 짐을 져 주라"는 말의 뜻은 모든 교인들에게 친구가 되라는 뜻이 아니다. 누군가가 묘사한 것처럼 "부르면 언제든 쏜살같이 달려가는 목사"가 되라는 뜻이 아니다. 2세기 때 의사였던 갈렌이 의사들에 관해 말한 것은 목사들에게도 똑같이 적용된다. 즉 "그들은 자신을 완전히 신뢰하는 사람들을 가장 성공적으로 치유한다." 가장 성공적인 목사는 슬픔과 상실, 특별히 죽음조차도 우리의 삶에 대한 이해로 엮어내는 사람이고, 평범한 사람들의 일상 속에서 예수의 현존을 드러내는 사람이다.

♣

만약 악이 그 자신을 감쪽같이 숨기는 영혼이거나, 악의 주된 동기가 위장하는 것이라면, 교회 안에 있는 악한 사람들을 보고 그리 놀랄 일은 아니다. 왜냐하면, 사람들이 자기의 악을 그 자신과 또한 이웃에게 숨기고 위장하기 위해, 경건함으로 포장하고 다니든지, 아니면 매우 눈에 띄는 사람, 곧 목사나 장로나 집사가 되어 행세하는 것보다 더 좋은 방법이 어디 있겠는가?

♣

두 사람의 셰익스피어 연극 배우들이 똑같이 연기한 적이 없었던 것처럼, 독립선언문이나 헌법, 그리고 성경 66권을 읽는 두 사람이 똑같은 방식으로 그 문서들을 이해할 수는 없다. 개신교 근본주의자들이 "성경을 가장 안전하게 해석하는 유일한 해석자는 성경 자체"라고 주장하도록 내버려두자. 그건 정말 그럴싸한 주장처럼 들리기는 하지만, 하나님의 뜻과 정신이 그처럼 명백하게 드러난 것을 인간이 볼 수 있다고 믿는 것은 겸손으로 가장한 교만이다. 인간은 진리를 모색하고 추구해야만 하지만, 소유할 수 있다고 결코 자만해서는 안 된다.

근본주의자들은 우리들과 별반 다르지 않다. 주정꾼이 가로등의 기둥을 불빛이 아니라 자신의 몸을 의지하기 위해서 사용하듯이, 그들도 성경을 신앙의 이해를 비추는 불빛으로 사용하지 않고 의지하기 위해서 사용한다. 근본주의자들이 아닌 우리들도 종종 그러하듯이 말이다. 아마도 하나님은 그분의 의도를 알아내려고 갖은 노력을 기울이는 인간의 정신에 대해서 충분히 이해하고 계실 것 같다. "미지(未知)야말로 인간 정신의 가장 위대한 갈망인데, 아무도 그 미지의 것에 대해 하나님께 감사할 생각을 하지 않는다."(에밀리 디킨슨). 다른 견해가 건강한 정치에 위협이 아닌 본질적 요소이듯이, 종교생활에서도 견해의 차이, 즉 다름은 위험한 것이 아니라 본질적인 요소다. 다양한 해석은 피할 수 없을 뿐만 아니라 아주 바람직한 것이다.

♣

근본주의자들이 잊는 게 있다. 사랑은 순종과 함께 분별력 또한 요구한다는 것을.

♣

알 만한 가치가 있는 건 모두 이미 다 알려졌다고 믿기 때문에 근본주의 목사들은 어설프게 아는 것을 미덕으로 간주하는 어설픈 무지(無知)의 분위기를 풍긴다.

♣

내가 왜 그토록 근본주의 목사들에게 공격적인 걸까? 그건 우리가 무엇엔가 의구심을 품고 마음이 상할 만큼 괴로워하는 게 옳다고 생각하기 때문이다. "헌신은 의구심이 없는 곳이 아니라 의구심에도 불구하고 헌신할 때 가장 건강하다."(롤로 메이). 확실함이 보증하는 것 이상으로 확실하게 믿는 것은 잘못이며, 우리가 불확실성과 더불어 살아가는 것이 단순히 불안전하기 때문에 지적 혹은 도덕적 모호성을 제거하는 것은 잘못이다. 확신이 맹신의 어리석음에까지 이르도록 확신을 요구하는 것은 옳지 못한 일일뿐더러 위험하기까지 하다. 만약 하나님이 형편없는 신병들을 넘겨받은 해군 하사관과 같다면, 그런 하나님을 믿는 사람들은 마치 그 신병들처럼 자신들이 무슨 명령을 받든, 누구를 향해 그 명령을 수행하든 간에, 명령받은 대로 거의 모든 걸 다 할 준비가 된 신병들처럼 될 것이다. 이것은 예수님과 정반대가 되는 짓이다. 왜냐하면 예수님의 중심적 가르침은 모든 사람들 속에 본래적으로 신성한 것, 본래적으로 존중받을 가치가 있는 것, 본래적으로 부름을 받고 사랑받을 어떤 것이 들어 있다는 것이었기 때문이다.

진리를 모색하는 사람들은 진정 사랑의 공동체를 이루어낼 수 있다. 진리를 소유한 사람들은 진리를 소유하지 못한 사람들이나 혹은 다른 진리를 소유한 사람들을 향해서 너무 큰 적대감을 품고 있다.

성경무오설은 성경 안에서 뒷받침되지 않으며, 성경무오설에 대한 믿음은 구원과는 아무런 관계도 없다. 구원은 회개의 문제이면서 예수 그리스도에 대한 신앙의 문제이다. 신앙에서는 도미노 이론이 적용되지 않는다. 하나의 믿음 조항에 대한 믿음을 잃었다고 해서 자동적으로 그 다음 조항에 대한 믿음을 잃게 되는 것은 아니다. 오히려 그 다음 조항에 대한 믿음을 더욱 정직하게 고백할 수 있게 만든다.

♣

기독교 우파(右派)는 "전통적 가치"와 "가족의 가치"에 대해서 많은 말을 한다. 거의 항상 이런 가치들은 사회적인 도덕보다는 개인적인 도덕과 관련되어 있다. 왜냐하면 기독교 우파는 사랑을 개인생활의 핵심 가치로 보는 데 어려움을 느낄 뿐만 아니라 사랑을 우리의 공동체생활의 핵심 가치, 곧 사랑이 정의를 요구한다고 보는 데에는 더욱 큰 어려움을 느끼기 때문이다.

♣

내가 종교적 우파에 반대하는 이유는 그들의 잔인성 때문이다. 종교적 우파는 무지하기 때문에 잔인하다. 그들의 무지함이 자기를 의롭다고 믿는 것과 자기 만족에서 비롯되기 때문에, 그들은 자신들이 지적으로 결함이 있다고는 꿈에도 생각지 못하고 자신들이 윤리적이라고 철석같이 믿는다.

♣

맹목적인 믿음만큼 그 정반대 되는 것, 곧 맹목적인 불신앙을 키워주는 것은 없다.

♣

성경을 사랑하고 성경으로부터 배우는 것은 정말 좋은 일이다. 그러나 그 속의 단어 하나하나에 두려워할 필요는 없다. 모든 성경적인 것이 예수 그리스도를 닮은 건 아니기 때문이다. 더구나 우리 신자들은 말씀이 육신이 되었다고 믿고 있지, 말씀이 잔소리가 되었다고 믿지는 않는다. 모두가 선택적인 문자주의자인 마당에, 특히 돼지고기를 먹는 것뿐 아니라 단지 죽은 돼지의 가죽을 만지는 것조차 가증한 것임에도 불구하고, 레위기 속의 동성애 반대법에 대해 맹세를 걸고 나서는 돼지 갈비를 뜯고 월요일 밤 축구경기에 홀딱 빠지는 사람들처럼, 성경을 선택적으로만 문자주의적으로 받아들이는 마당에, "나는 성경 문자주의자"라고 주장하는 위선을 이제는 제발 좀 벗어나자.

♣

모든 성경적인 것이 그리스도적이지 않으므로, 우리 신자들은 성경 해석 이론을 발달시킬 필요가 있다. 예수님의 사랑은 정말로 모든 걸 잴 수 있는 수직선과 같다. 율법이 경직되어 있는데 비해 사랑이 더욱 많은 것을 요구하는 이유는 사랑이 내적인 동기를 중시하면서 율법들 사이로, 율법들 주위로 길을 내며, 율법들을 넘어설 것을 주장하기 때문이다.

노년의 삶

우리의 시간은 그분의 손 안에 있다.
그분은 "내가 모든 것을 계획한다"고 말씀하신다.
하나님을 신뢰하고, 모든 것을 보며, 아무것도 염려하지 말라.
- 로버트 브라우닝

다가오는 세월의 하나님,
알지 못하는 길을 걸어가며
저희가 당신을 따릅니다.
저희가 강할 때, 주님,
저희를 홀로 내버려두지 마시고
저희의 피난처가 되소서.
당신께서 저희의 삶 속에서
일용할 양식이 되시며,
저희의 세월이 살같이 지나간 후
저희의 가슴의 참된 본향이 되소서.
- 휴 톰슨 케어

분노 없이, 자신을 방어하지 않으면서 늙어 가는 것과, 기운이 점차 쇠약해가더라도 날마다 자기연민을 키우지 않는 일은 신앙의 시금석이다. 완전주의는 죄뿐 아니라 나이에도 적용할 수 있다. 만일 하나님께서 죄로 얼룩진 삶의 폐허더미에서도 고귀한 무엇을 찾아내실 수 있다면, 우리의 삶이 "어두워진 달의 그늘이 그 영광에 맞서 싸우고, 그의 재능을 준 시간이 이제는 그 재능을 좌절시킨다"(셰익스피어)고 할 때조차도 그분의 눈에는 우리의 삶이 얼마나 더욱 고귀한 것인가!

♣

나는 도덕적인 노년기를 믿는다. 혼자 소외될 것을 두려워하는 노인들이 함께 모여 지혜와 자비심과 친절함이라는 미덕을 옹호하게 된다면, 노인들의 장수는 재정적인 재앙이 아니라, 한 나라의 진정한 국부(國富)가 될 수 있을 것이다. 얼마나 많은 사람이 시력을 잃고서 나서 탁월한 통찰력을 얻었는가? 얼마나 많은 젊은 이들이 노인들의 경험에서 체득된 풍요와 지혜를 가질 수 있을까? "나이를 먹어 가는 건 열정(passion)이 연민(compassion)으로 바뀌는 거"라는 알베르 카뮈의 말에서 연민은 보수적인 사람들에게

만 해당하는 연민이 아니었다.

♣

기억은 적절히 사용하면 넓이 뛰기와 같다. 즉 뒤로 물러나는 것은 더 멀리 뛰기 위한 것일 따름이다. 노년기는 이상적으로는 인격을 형성하는 시기이다. 일흔 다섯의 나이에도 새로운 비전을 모색했던 아브라함처럼, 노인들도 앞을 내다보아야만 하며, 여전히 보호받아야 하며 긍정되어져야 하고 위엄을 갖추어야 하는 삶의 앞에 반응해야만 한다. 만약 그들이 뒤를 돌아본다면 아브라함이 그랬듯이, 단지 자신들이 어떤 인물이 되도록 지음 받았는지를 기억하기 위한 것이다. 즉 하나님께 용서받고, 하나님의 사랑을 받으며, 이 우주의 공동 창조자로서 만물을 사랑하도록 지음 받았다는 사실을 기억하기 위한 것이다.

♣

아브라함은 한평생을 "불볕 같은 여름날의 열기"를 겪으면서 살았지만 예수님은 젊어서 죽었다. 그러나 그 두 사람은 모두 우리에게 삶이란 그 기간으로 평가되기보다는 그 살아낸 내용으로 평가된다는 사실을 보여주지 않았던가?

♣

　벚나무가 늙으면 늙을수록, 나무에 마디 혹이 많이 붙어 있으면 붙어 있을수록, 훨씬 풍요롭게 꽃이 만개한다는 걸 나는 알고 있다. 가장 오래되어 제일 두꺼운 먼지를 뒤집어쓴 병 속에는 때로 가장 깊고 빛나는 맛이 나는 포도주가 담겨 있기도 한다. 까마귀 발에 접힌 주름처럼 온 얼굴에 주름 가득한 얼굴, 그 내면으로부터 아름답게 빛이 새어나오는 "인간에 대한 신임장" 같은 그 주름 가득한 얼굴에 나는 깊이 끌린다.

♣

　노년에 흔히 따라오는 심각한 신체적 제약에도 불구하고 우리는 여전히 선택의 자유를 누린다. 우리가 선택할 수 없을 만큼 부자유한 때는 결코 없다. 끊임없이 선택을 함으로써만 우리는 인간으로 남아 있다. 우리의 자유의 영역은 계속된다는 것을 인식하고 그것을 즐기기 위해서, 우리는 비록 나이가 들어가더라도 늘어나는 제약들에 조심스럽게 도전해야 한다. 선택의 폭과 기회는 점점 줄어들더라도 그것조차 좋은 일이 될 수 있다. 강이 둑을 찾을 때까지는 여울 이외에는 그 무엇에도 실낱같은 희망을 가질 수 없다. 불이 나서 우리 집을 다 집어삼킬 위험에 처해 있는 상황을 노년의 이미지에 대입시켜 보자. 불 속에서도 우리는 "가장 소중한 것"이 무엇인지를 결정해서 챙기도록 만든다.

♣

죽음이 없이는 삶이 존재할 수 없다. 우리가 타고난 능력의 한계를 깨닫지 못한다면, 우리는 결코 우리가 누구인지를 알 수 없다. 그리고 마침내 힘든 선택들은 무한한 풍요의 가능성을 지니고 있다. "하나님께서 당신을 사랑하는 자들을 위해 예비하신 좋은 것들은 눈으로 볼 수 없고 귀로도 들을 수 없으며 사람의 가슴으로도 받을 수 없는 것"이기 때문이다. 제자들에게서 버림받고 십자가 위에서 끔찍한 고통을 받으셨던 겨우 서른 살의 예수님은 "다 이루었다"고 말씀하셨다. 그것이야말로 가장 완성된 삶을 사셨던 분의 마지막이었다.

♣

죽음이야말로 마침내 우리들의 모든 삶을 감싸 안아주는 사건이므로, 삶에서 진정한 자유를 누리려면 가능한 한 빨리 죽음과 화해해야만 한다. 의미 있는 삶만이 의미 있는 죽음으로 이끄는 유일한 길이다. 호기심으로 가득 차 넓은 관용의 정신으로 충만한 사랑으로 삶을 살아냈다면, 우리는 마지막 날에 이르렀을 때에도 소멸하는 빛에 대항해 분노하지 않을 것이다. 우리는 부드럽고 포근하게 그 좋은 밤 속에 들어갈 수 있다.

♣

　옛날 중국의 한 황제가 현자(賢者)에게 행복의 의미를 알아오라며 한 달 간의 휴가를 주었다. 현자가 돌아와서 "할아버지가 죽고, 그리고 아비가 죽고 그 후에 아들이 죽는 것 그것이 행복입니다."라고 말했다.

♣

　죽음은 적이 아니라 차라리 친구다. 죽음이 없는 삶을 단지 생각만이라도 해보자. 죽음이 없는 삶은 말 그대로 그리고 실제로도 끝나지 않는 삶일 것이다. 아침에 침대에서 일어나는 데만 몇 날이 걸릴 지도 모르며, "다음엔 뭘 할지"를 결정하기 위해 몇 주를 보내야 할지도 모른다. 학생들은 끝까지 학교를 졸업하지 않을 것이며, 교수회의든 다른 모든 회의들도 몇 달씩 계속될 것이다. 우리는 고대 그리스의 신들처럼 따분함에 몸서리치게 될 것이며 그 신들과 똑같은 장난에 세월을 보낼 것이다.
　죽음이 우리의 삶을 차라리 활기 띠게 만든다면, 죽음이 우리가 가장 두려워하는 적이 될 수는 없다. 떠남이 없는 도착이란 있을 수 없고, 나이가 들지 않은 원숙함은 생각할 수 없으며, 눈물 없는 웃음은 있을 수 없다. 그처럼 죽음이 없는 삶은 가능하지 않다.

죽음은 우리의 일상생활도 고양시킨다. 죽음이 우리에게 기막힌 평형장치인 까닭은 그것이 우리를 평등하게 만들어서가 아니라, 우리가 다른 무엇인 척하는 겉치레를 비웃기 때문이다. 죽음 앞에서 인종과 계급, 국적, 성적 취향 등의 모든 것은 결국 별 볼 일 없이 하찮은 것으로 드러나게 된다.

죽음이 없이 불멸의 존재들로 넘쳐나는 세상에는 결국 긴 세월 동안 새로 태어남도 없었을 것이다. 지오토는 있었을지 모르나 세잔느는 이 세상에 존재한 적이 없었을 것이며, 앤디 워홀은 말할 것도 없을 것이다. 아마 페셀은 있었겠지만 바흐와 베토벤 그리고 브라암스는 살았던 적 없었을 것이며, 아론 코플란드는 말할 것도 없을 것이다. 로마의 검투사들은 있었을 테지만 슈거 레이 로빈슨이나 무하마드 알리는 없었을 것이다. 그리고 물론 여러분과 나와 우리 손자들도!

♣

우리가 하나님의 뜻을 따라 살아가면 갈수록, 우리가 이 세상을 떠날 땐 미완성인 채로 남겨지는 일들이 더 적을 것이다. 개인적인 자선행위나 사회정의를 추구하는 일을 우리가 더 확대시키면서 살아간다면, 죽음은 우리의 적이 되진 않을 것이다. 그보단 차라리 우리들 한 사람 한 사람에게 "잘했다, 착하고 충실한 종아!

이제 주인의 기쁨에 함께 참여하도록 해라." 하고 말하는 것이 가장 큰 소망인 분께로 데려다 주는 친절한 천사가 죽음일 것이다.

♣

비극의 한가운데서 우리를 행동하도록 해방시키는 것은 또한 우리를 감사하도록 해방시키기도 한다. 우리는 물론 많은 것을 이해하지는 못하지만, 이 모든 것은 우리가 이해하는 작은 것들에 의해 견딜 수 있게 된다. "주께서 주시고 주께서 빼앗아 가신다."는 말씀은 본래 하나님이 모든 출생과 죽음에 직접 개입하시고 책임을 진다는 의미는 아니다. (하나님의 사랑을 최상의 인간의 사랑보다 못한 것으로 만드는 것들은 모두 의문시되어야만 한다). 그 말씀의 진정한 의미는 모든 출생이 있기 전에도, 또한 모든 죽음이 일어난 후에도 하나님은 여전히 그렇게 계시다는 뜻이다. 그는 근원이자 종말이며 알파요 오메가이다. 만일 우리가 그분을 철저하게 의지한다면, 우리는 사람이나 사물을 향해서 가졌던 의존적인 집착, 우리가 우리의 모든 갈망을 만족시키려 하던 그 집착에서 오히려 벗어날 수 있다. 이것은, 우리가 사랑하는 이들이 여전히 살아 있는 동안에는, 우리가 그들에게서 받는 것보다 그들에게 더 줄 수 있다는 것을 뜻하며, 그들이 죽고 나서도 그들의 기억을 사장(死藏)하기보다는 기쁘게 간직하고, 그 기억을 기반으로 여타의 모든 생명체에게 우리의 사랑을 베푸는 것이 낫다는 것을 뜻한다. 이것이 "죽은 자들의 장사는 죽은 자들이 치르게 하라"는 말씀의 뜻이다. 죽은 자들이 죽은 자들의 장사를 치르게 할 일이지 산 자들의 장사를 치르게 해서는 아니 될 이다.

♣

우리가 사랑하는 사람이 죽었을 때 우리가 잃은 것은 그들이 아니다. 진정으로 잃은 것은 우리가 그들에게 걸었던 기대감이다.

♣

우리가 오늘 주와 함께 걷고 있다면, 우리는 천국으로 가는 길 위에 서 있는 것이다. 영원한 삶이란 죽음의 순간에 수여되는 소유물이 아니라, 지금 이 순간 주어지는 것이다. 우리는 지금 영원한 삶을 살고 있으며, 죽음을 통해서도 그 삶을 계속 산다. 하나님과 함께라면 "시간은 변장한 영원이다."(헤셸)

♣

인간은 현재 가능한 것 이상을 열망한다. 하나님이 모세를 느보산 꼭대기로 이끌었듯이 삶은 우리를, 약속되었지만 아직 한 번도 도달되지 못한 장소를 내다볼 수 있는 어느 곳엔가로 이끈다. 사랑이 많은 주께서, 사랑받고 있지만 여전히 더 사랑받기를 원하는 생명체를 창조하시고서도 그 열망이 충족되기도 전에 그것들을 끝장내 버린다는 것은 내게는 믿기 어려운 일이다. 무언가가 더 있을 것임에 틀림없다.

♣

물론 죽음 이후의 삶은 증명될 수 없는 것처럼 부정될 수도 없다. 테니슨도, "증명할 가치가 없는 것은 증명될 수 없으며 부정되지도 않는다"고 말했다. 엄마의 자궁 속에 든 아기가 빛과 공기-- 우리의 존재 바로 그 자체의 물질--를 상상할 수 없듯이, 우리가 잘 알고 있는, 우리를 지탱시켜 주는 힘이 없는 다른 어떤 삶을 우리가 지금 상상하기는 참 어렵다. 그러나 이런 생각을 숙고해 보자. 만약 우리가 본질적으로 육체적 존재가 아닌 영이라면, 실제 우리의 본체는 눈에 보이지 않는다면, 우리가 몸을 지닌 영이지 영을 지닌 육체적 존재가 아니라면, 다른 데 가서 다른 악기를 찾느라고 자신의 악기를 버린 음악가처럼, 우리의 혼은 죽음의 순간에 우리의 몸을 떠나서, 다른 형태를 찾아 그 속에서 새로운 음악을 연주할 수 있을 거라는 점도 상상이 가는 일이다.

♣

영원한 삶은 세상 종말의 순간에 시작되는 것도 아니며, 장례식장에서 시작되는 것도 아니다. 바로 지금 이 순간에 영원한 삶은 이미 시작되고 있다. 우리를 찾아오는 죽음은 우리를 하나님께로부터 떼어놓는 죽음이 아니다. "죽어도 그는 살리라." "나를 믿는 자는 누구든지 죽지 아니하리라." 사도 바울도 이와 똑같은 말을 무수하게 했다. "아무도 그가 홀로 사는 것이 아니요, 아무도 그가 홀로 죽지 아니한다. 살아도 주님을 위해서 사는 것이요, 죽어도 주를 위해 죽는 것이다. 그러므로 살든지 죽든지 우리는 주님의 것이다." 하나님의 사랑의 깊이는 죽음의 심연보다 깊다. 죽음에 대한 두려움을 극복해낸 사람은 죽음을 미래의 경험이 아니라 마치 이미 경험해버린 과거의 것인 양 간주하며 살아간다.

♣

바울은 "삶도 죽음도 우리 주님 예수 그리스도 안에 있는 하나님의 사랑에서 우리를 갈라놓지 못한다."고 강력하게 말한다. 죽음이 그렇게 우리와 하나님을 분리시키는 위협이 아니라면, 죽음은 어떤 것에도 위협이 되지 못한다. 무덤 너머에 무엇이 있을지 알 수 없다면 무덤 너머에 누가 계시는지 우리는 너무나 잘 알고 있다. 부활하신 그리스도께서는 그 두 세계를 연결시키면서, 우리는 진정 하나의 세계 안에서만 살고 있다고 말씀하신다. 영적으로 말해서 만일 우리가 스스로에 대해 죽고 그리스도 안에서 부활했다면, 우리 앞에는 단지 이러한 영적인 죽음에 상응하는 육체적인 죽음만이 기다리고 있을 뿐이다. 미지의 것에 대한 두려움과 마지막 심판에 대한 두려움이 우리 앞에 놓인 것이 아니라 이미 지나간 것이라면, 육체적인 죽음은 더 이상 우리를 공포의 도가니로 몰아넣지 못한다.

♣

어느 교회도 우리를 때때로 불안하게 만들고 또 때로는 호전적이게 만들면서--이것은 한 개인이나 한 나라에게 치명적인 조합이다--우리의 심장을 갉아먹는 죽음에 대한 두려움, 또는 죽음에 대한 경외감을 없애버리려 하거나 천하게 만들거나 혹은 부정해서는 안 된다. 우리들의 삶이 힐책과 용서를 소리쳐 구하고 있는 까닭에 우리가 죽어 마땅하다는 공포심을 갖는 것은 더욱 나쁜 일이다. 그러므로 모든 교회들은 그 이름에 걸맞게, 주일이든 아니든, 그리스도는 "세상 죄를 없애시는 하나님의 어린 양"이며, "하나님은 세상을 화해시키시는 그리스도 안에 계셨다," 그리고 우리 안의 죄보다 하나님의 사랑이 더 깊다는 복음을 세상에 선포해야만 한다. 살든지 죽든지 "그 무엇도 하나님의 사랑에서 우리를 갈라놓지 못한다." 우리는 죽음 너머에 무엇이 있는지 알 수 없지만, 그 너머에 누가 계신지는 알고 있다. 죽음은 피할 길이 없으며 경외감도 갖게 하지만, 죽음에 대한 공포심이 우리를 찌른다. 그 두려움을 제거하면, 우리들도 "죽음아, 네 찌르는 독침이 어디에 있느냐?" "오, 무덤아! 네 승리가 어디에 있느냐?" 하던 바울처럼 말하지 않을 사람이 없다. 예수가 그의 무덤 속에 눕혀지기도 전에 이미 하나님께서 열어 젖혔던 무덤 문들만큼 죽음에 대한 승리를 상징적으로 잘 묘사한 것이 무엇이겠는가?

♣

아무것도 없지만 아무것도 바라지 않는다는 선불교의 역설이 있다. 그 이유는 내면의 깊은 평화는 우리의 욕구가 충족된 상태에서 얻어지는 평화가 아니라, 그 욕망의 힘에서 자신을 해방시킴으로써 찾아오기 때문이다. 그런 평화가 점차 나의 것이 되고 있음을 나는 깨닫는다. 그것은 내가 세상으로부터 물러나고 있다는 느낌이 아니라, 오로지 내가 다른 방식으로 존재하고 있다는 느낌이다. 나는 보다 덜 의도적이 되는 대신에, 더욱 주의를 기울이는 배려적인 사람이 되고 있다. 나는 점점 더 가족과 친구들 그리고 자연의 아름다움에 더 주의를 기울이게 된다. 냉담한 행동들 특히 높은 지위에 있는 사람들의 냉담한 행동들에 여전히 격분하지만, 나는 더욱 자주 평온해지고 하나님이 주신 삶의 선물에 대해 더욱 감사드리게 된다. 나는 사랑이 깊으신 창조주께 그 한이 없는 사랑에 "감사, 감사, 영원히 감사드립니다 하는 말밖에 드릴 게 없습니다"고 날마다 고백하고 있다.